マリンのタイ語生活 2

タイ語で出そう！グリーティングカード

中島マリン

めこん

まえがき

　タイ人の友人やタイ滞在中にお世話になった人にタイ語でグリーティングカードを送りたいと思ったけれど、どのように書けばいいか分からなくて、送るのをあきらめたことがあるという人は案外多いようです。タイ語ができない場合はもちろんですが、タイ語が少しできる場合でもカード独特の表現や決まりごとは外国人には分かりにくく、書くのを躊躇してしまうのかもしれません。

　カードは手紙と違って長々と書きません。短い文、かつきれいな文で自分の気持ちを伝えるのは案外難しいものです。しかも文章の美しさや響きを重視するため、わざと日常会話で使わない単語を使用することもあります。

　タイの文化は言葉の文化です。日本のように「あ・うんの呼吸」や「以心伝心」という考え方がありません。気持ちは言葉で表すものだと考えています。愛していれば愛していると言葉で伝えますし、何も伝えないのは愛していないか関心がないという意思表示になってしまいます。そのような考え方はカードにもあらわれます。そのため、「愛している」や「誇りに思う」という、日本人があまり使わない表現も多く使われます。

　また、カードの書き方にはいくつかのパターンがあります。この本は、できるだけ多くの場面を想定して文章を作成し、状況に合った文章をそのまま書き写せるように工夫しました。タイ語学習テキストではないので文法の説明はありませんが、日本と違う習慣や考え方からくる表現の違いについて、そのつど説明を加えました。知らない単語は後ろの単語集を参考にしてください。

　この本を書くにあたり、赤木攻先生から貴重なご意見をいただきました。心から感謝申し上げます。また助言をいただきました池上スチャダーさん、いろいろとご協力をいただいためこんの編集者、面川ユカさんにお礼を申し上げます。

　カードはもらうとうれしいものです。口に出して言いにくいこともカードであれば気持ちが伝わることがあります。相手を想うだけでは、気持ちは伝わりません。まずはカードを送って自分の気持ちを相手に伝えましょう。

　この本があなたの大切な人に気持ちを伝える手助けになれば幸いです。

中島マリン

もくじ

まえがき ……………………………………………………… 3
もくじ ………………………………………………………… 4
この本の使い方 ……………………………………………… 6
キャラクター紹介 …………………………………………… 7
タイのグリーティングカードについて …………………… 8
人称代名詞・文末の丁寧語 ………………………………… 9
よく使われる文章 …………………………………………… 10
日本人が使いやすい文章 …………………………………… 12

第1部　「おめでとう」のカード
誕生日 ………………………………………………………… 14
結婚 …………………………………………………………… 25
結婚記念日 …………………………………………………… 34
出産 …………………………………………………………… 38
卒業 …………………………………………………………… 46
就職 …………………………………………………………… 53
昇進 …………………………………………………………… 57
転居 …………………………………………………………… 59

第2部　季節ごとのグリーティングカード
お正月 ………………………………………………………… 62
バレンタインデー …………………………………………… 70
母の日 ………………………………………………………… 78
父の日 ………………………………………………………… 85
クリスマス …………………………………………………… 90

第3部　その他のカード
ありがとう …………………………………………………… 102
ごめんなさい ………………………………………………… 114
元気になってね ……………………………………………… 121

もくじ

さようなら ……………………………………………………………… 126

単語集 ………………………………………………………… 135

この本の使い方

❶　カードの文章は、枠の色が薄い「表側」と枠の色が濃い「内側」に分かれています。表側の文章はキャッチフレーズのように短くなっています。内側は少し長めの文章です。

❷　タイ語と日本語は文法や語順が違うため、日本語訳は必ずしも各行に対応しているわけではありません。また、意味が伝わりにくいものは意訳にしました。直訳はタイ語の下のかっこに書いてあります。

❸　各文章は初級・中級・上級に分かれています。また男性の文章はブルー、女性はピンク、両方使える文章はグリーンの枠にしてありますが、自分に合った人称代名詞に置き替えたり、文末に丁寧語を書き加えたりすることもできます。9ページを参照してください。

❹　よく使う単語は巻末の単語集にまとめました。分からない単語がでてきたら、単語集を参照してください。

❺　カードの文章は日本語、タイ語、発音記号で構成されています。発音記号 ɯ は本によっては ʉ と書かれることがありますが、同じものです。

キャラクター紹介

おもにタイ語の単語や文法について説明をするウサギのチャイチャイ ใช่ใช่(châi châi)。一番たくさん出てきます。

タイの文化やしきたり、日本との違いについて説明するイヌのルールー รู้รู้(rúu rúu) です。

おたまじゃくしのノイ หน่อย(nɔ̀y)。タイ語初心者向けのカード担当です。

タイ語中級者向けカード担当のクラン กลาง(klaaŋ) です。おたまじゃくしよりちょっと成長しています。

カエルのケン เก่ง(kèŋ)。上級者向けカード担当です。

タイ語のグリーティングカードについて

各行事やお祝いに送るカードは**บัตรอวยพร**(bàt uayphɔɔn)。**บัตร**(bàt)は「カード」で、**อวยพร**(uayphɔɔn)は「幸運・成功を祈願する、祝福する」という意味。言葉通り、**บัตรอวยพร**は相手の幸運・成功を祈願する言葉を書いて出すカードだよ。単なるあいさつのカードではないんだ。

だから、タイ人のカードを見ると**ขอให้**〜(khɔ̌ɔ hâi〜)「〜しますように」から始まり、幸運・成功を祈願する文章がひたすら並べられているものが多いのさ。響きを良くするために韻を踏ませたり、普段使わない単語を使ったりもするんだよ。だからタイ語に慣れないうちは、カードの文章は読みにくいかもしれないね。

そうそう、カードを書くときにカラーペンを使用する人がいるけれど、タイでは名前を赤い色で書いちゃダメだよ。名前を赤い色で書くと縁起が悪く、短命になるという迷信があるんだ。誰もが信じているわけではないけれど、嫌がる人もいるので赤で書くのは避けよう。それ以外の色であれば何色でも大丈夫だよ。

人称代名詞・文末の丁寧語

カードによく出てくる主語・文末につける丁寧語を知っておくと、自分で文章をアレンジするのに便利です。

★ 一人称 ★

ผม(phǒm)	わたし・僕（男性の一人称代名詞）。
ดิฉัน(dìchǎn)	わたくし（女性の一人称代名詞）。フォーマルな言い方なので家族や友人などの親しい人には使いません。 また、子どもも使いません。
ฉัน(chǎn)	わたし（女性の一人称代名詞）。家族や友人、同年代の人に対して使います。
หนู(nǔu)	わたし（女性の一人称代名詞）。目上の人や年上の人に対して使います。
เรา(rao)	わたし（男女共有の一人称代名詞）。親しい友人や同年代の人に対して使います。 「わたしたち」という意味でも使われます。

★ 二・三人称 ★

คุณ(khun)	あなた（二人称代名詞）。
เธอ(thəə)	あなた（二人称代名詞）。同年代の人に対して使います。 彼女（三人称代名詞）としても使われます。 比較的女性が好んで使います。 男性同士では使いません。 男性が女性を呼ぶときには使うことがあります。

★ 文末につける丁寧語 ★

ครับ(khráp)	文末につける男性用丁寧語。
ค่ะ(khâ)	文末につける女性用丁寧語。
คะ(khá)	文末につける丁寧な女性用疑問詞。
จ้ะ(câ)	文末につける女性用の言葉。子ども、親しい人、または目下の人に対して使います。
จ๊ะ(cá)	文末につける女性用疑問詞。子ども、親しい人、または目下の人に対して使います。

よく使われる文章① khɔ̌ɔhâi で始まる文

> ขอให้～ (khɔ̌ɔ hâi～) は「～しますように」「～を祈ります」という意味です。いろんなカードで使えて、とても便利な言い回しなのよ。

幸せになりますように
ขอให้มีความสุข
khɔ̌ɔhâi mii khwaamsùk

健康でありますように
ขอให้ร่างกายแข็งแรง
khɔ̌ɔhâi râaŋkaay khɛ̌ŋrɛɛŋ

夢がかないますように
ขอให้ความฝันเป็นจริง
khɔ̌ɔhâi khwaamfǎn pen ciŋ

幸運を祈ります
ขอให้โชคดี
khɔ̌ɔhâi chôokdii

長生きしますように
ขอให้อายุยืน
khɔ̌ɔhâi aayú yɯɯn

神聖な力があなたを守りますように
ขอให้สิ่งศักดิ์สิทธิ์คุ้มครองคุณ
khɔ̌ɔhâi sìŋsàksìt khúmkhrɔɔŋ khun

よく使われる文章②　khɔ̌ɔhâi 以外の文

ขอให้ ～ (khɔ̌ɔ hâi ～) から始まる形以外で、よく使われる文章です。

心配しています
เป็นห่วง
penhùaŋ

会いたい
คิดถึงเสมอ
（あなたのことを想っています）
khítthʉ̌ŋ samɤ̌ɤ

時間があったら連絡ください
ถ้ามีเวลาติดต่อมาบ้างนะ
thâa mii weelaa, tìttɔ̀ɔ maa bâaŋ ná

身体に気をつけてね
รักษาสุขภาพนะ
（健康を守ってね）
ráksǎa sùkkhaphâap ná

忘れないでね
อย่าลืมนะ
yàa lʉʉm ná

日本人が使いやすい文章

タイ人は書かないけれど、日本人がカードを出すときに使える便利な文を紹介するわね。

日本からカードを送ります
ส่งการ์ดมาจากเมืองญี่ปุ่น
sòŋ káat maa càak mɯaŋ yîipùn

下手だけどがんばって書きました
เขียนไม่เก่งแต่ก็พยายามเขียน
khǐan mâi kèŋ tɛ̀ɛ kɔ̂ phayaayaam khǐan

字が汚かったらごめんなさい
ขอโทษถ้าลายมือไม่สวย
khɔ̌ɔthôot thâa laaymɯɯ mâi sǔay

プレゼントを同封します
ส่งมาพร้อมกับของขวัญ
sòŋ maa phrɔ́ɔm kàp khɔ̌ɔŋkhwǎn

みなさんによろしくお伝えください
ฝากคิดถึงทุกคนด้วย
fàak khítthɯ̌ŋ thúkkhon dûay

第1部
「おめでとう」のカード

誕生日
結婚
結婚記念日
出産
卒業
就職
昇進
転居

※タイでは通常、冠婚葬祭のうち冠・婚・祭のみカードをおくります。葬にあたるお悔やみのカードは「悲しみ」「ご不幸」といった縁起の悪い言葉を相手におくることになるため、避けられています。日本とは風習が異なるので、注意しましょう。

誕生日

★ よく使われる文例 ★

お誕生日に決意したことが実現しますように
วันเกิดตั้งใจทำอะไรก็ขอให้สมหวัง
wankèət, tâŋcai tham arai kɔ̂ khɔ̌ɔhâi sǒmwǎŋ

あなたの特別な日が幸せでありますように
ขอให้วันพิเศษของคุณเต็มไปด้วยความสุข
khɔ̌ɔhâi wan phísèet khɔ̌ɔŋ khun tem pai dûay khwaamsùk

おもいっきり楽しんでね
ขอให้สนุกสุดเหวี่ยง
khɔ̌ɔhâi sanùk sùtwìaŋ

> ここから下に出てくるのはお正月やクリスマスなど、ほかのカードにも使える便利な言い回しです。他のカードを書くときの参考にしてね。

たくさん幸せになりますように
ขอให้มีความสุขมากๆ
khɔ̌ɔhâi mii khwaamsùk mâak mâak

神聖なる力があなたをお守りしますように
ขอให้สิ่งศักดิ์สิทธิ์ทั้งหลายจงคุ้มครองคุณ
khɔ̌ɔhâi sìŋsàksìt tháŋlǎay coŋ khúmkhrɔɔŋ khun

> **สิ่งศักดิ์สิทธิ์ทั้งหลาย**(sìŋsàksìt tháŋlǎay) は直訳すると「すべての神聖なる力」「すべての霊験あらたかなもの」だけど、ここでは**神聖なる力**と訳してあります。

心身ともに幸福でありますように
ขอให้คุณประสบแต่ความสุขกายสุขใจ
khɔ̌ɔhâi khun pràsòp tɛ̀ɛ khwaamsùkkaay sùkcai

สุขกาย(sùkkaay)は「肉体的に幸福な」、สุขใจ(sùkcai)は「精神的に幸福な」という意味。ここでは心身ともに幸福と訳してあります。

あらゆる不運から逃れられますように
ขอให้คุณรอดพ้นจากโชคร้ายทั้งมวล
khɔ̌ɔhâi khun rɔ̂ɔtphón càak chôokráay tháŋmuan

ずっと健康でいられますように
ขอให้สุขภาพแข็งแรงตลอดไป
khɔ̌ɔhâi sùkkhaphâap khɛ̌ŋrɛɛŋ talɔ̀ɔt pai

出すのが遅れてしまったカードに使える便利な文章を下に書いておくわね。

祝福が遅れてごめんなさい！
時を巻き戻して祝福させてね
ขอโทษที่อวยพรช้า
ขออวยพรย้อนหลังก็แล้วกัน
khɔ̌ɔthôot thîi uayphɔɔn cháa
khɔ̌ɔ uayphɔɔn yɔ́ɔnlǎŋ kɔ̂ lɛ́ɛw kan

誕生日

第1部 「おめでとう」のカード

下のカードは、上と同じ文章を飾り文字で書いたものです。実際に手書きでこういう字を書くことはないけれど、タイのお友達から来るカードに使われていることもあるので参考にしてね。

誕生日

　これは誕生日だけじゃなくてお祝いごと全般に使える、とっても便利な文章。相手の年齢や性別も選ばないので、何を書くか悩んだら迷わずこの文章を書こう！

いつまでも健康で
幸福でありますように

ขอให้สุขภาพแข็งแรง
และมีความสุขตลอดไปค่ะ

khɔ̆ɔhâi sùkkhaphâap khɛ̌ŋrɛɛŋ
lɛ́ mii khwaamsùk talɔ̀ɔt pai khâ

初級　内側

　この本では出す人の性別によってカード枠の色分けがしてある（受け取る相手の性別じゃないから注意してね！）けど、文章中のピンクの下線は **ครับ** に替えると男性用に、ブルーの下線は **ค่ะ** に替えると女性用にもなるのよ。タイ語に慣れてきたら、いろいろと試してみてね。

誕生日

第1部 「おめでとう」のカード

Happy  Birthday

どんなお願いをかなえてほしいかな？

อยากได้พรอะไรจ๊ะ

yàak dâi phɔɔn arai cá

中級 表側

誕生日

さあ、今すぐ願ってみてね
オームピャン！　願い事がすべて
かないますように
お誕生日おめでとう

ขอเลยจ้ะ
โอมเพี้ยง ขอให้พรทุกอย่างที่ขอ
จงเป็นจริงทุกประการจ้ะ
สุขสันต์วันเกิดจ้ะ

khɔ̌ɔ ləəy câ
oomphîaŋ! khɔ̌ɔhâi phɔɔn thúkyàaŋ thîi khɔ̌ɔ
coŋ pen ciŋ thúkprakaan câ
sùksǎn wankə̀ət câ

　一行目の **ขอ**(khɔ̌ɔ) は、**ขอพร**(khɔ̌ɔ phɔɔn) を略した言葉。**ขอพร** は「(願い事を) 乞う」という意味だけど、ここでは願うと訳してあります。オームピャン！というのは呪文や祈願の一番最初に唱える言葉なのよ。
　それから、グリーンの下線部分を女性は **ค่ะ** に、男性は **ครับ** に替えると少しフォーマルな文章になります。

誕生日

第1部 「おめでとう」のカード

> これは子ども向けの文章だよ。

また一年分大きくなったね
今よりももっとかわいく、もっとかしこくなりますように
いつまでも元気で 楽しく明るくいられますように

โตขึ้นอีกปีแล้วนะ
ขอให้น่ารักขึ้นและเรียนเก่งขึ้น
ขอให้แข็งแรงและรื่นเริงสดใสตลอดไปจ๊ะ

too khûn ìik pii lɛ́ɛw ná
khɔ̌ɔhâi nâarák khûn lɛ́ rian kèŋ khûn
khɔ̌ɔhâi khɛ̌ŋrɛɛŋ lɛ́ rɯ̂ɯnrəəŋ sòtsǎi talɔ̀ɔt pai câ

Message for You

上級 内側

誕生日

これはおばあさんのお誕生日を祝うときの文章だけど、グリーンの下線部分を **ตา**(taa) に替えるとおじいさん向けにもなるよ。

おばあさんが健康でありますように
長生きで いつまでも子孫にとっての※菩提樹の木蔭・ガジュマルの木蔭でいてください
幸せでありますように

ขอให้คุณ<u>ยาย</u>มีสุขภาพแข็งแรง
อายุยืน อยู่เป็นร่มโพธิ์ร่มไทรให้
ลูกหลานตลอดไปค่ะ
ขอให้มีความสุขมากๆค่ะ

khɔ̌ɔhâi khun<u>yaay</u> mii sùkkhaphâap khɛ̌ŋrɛɛŋ
aayú yɯɯn, yùu pen rôm phoo rôm sai hâi
lûuklǎan talɔ̀ɔt pai <u>khâ</u>
khɔ̌ɔhâi mii khwaamsùk mâak mâak <u>khâ</u>

菩提樹は、釈迦がこの木の下で悟りを得たといわれている有名な木。ガジュマルはとても大きな木で、昔の旅人はよくこの木の涼しい木陰で休息をとっていたんだ。タイでは、この二つの木には精霊が宿っているとされている。「菩提樹の木蔭・ガジュマルの木蔭」**ร่มโพธิ์ร่มไทร**(rôm phoo rôm sai) は、タイでは「頼るべきところ」という意味で使われるのさ。

第1部 「おめでとう」のカード

今日は何の日だっけ
ああ！僕の最愛の人の誕生日だ
ハッピーバースデー

วันนี้คือวันอะไรนะ
อ๋อ วันเกิดของสุดที่รักผมเอง
สุขสันต์วันเกิดครับ

wanníi khɯɯ wan arai ná
ǒo, wankə̀ət khɔ̌ɔŋ sùtthîirák phǒm eeŋ
sùksăn wankə̀ət khráp

誕生日

きみの魅力は大きな瞳と微笑みにある
増える歳なんか気にすることないよ
きみがどんなに歳を重ねても
僕にとってのNo.1は永遠にきみだから

เสน่ห์อยู่ที่รอยยิ้มและตาโตๆของคุณ
อย่าสนใจกับอายุที่เพิ่มขึ้นเลยนะ
เพราะถึงคุณจะอายุมากขึ้นเท่าใด
คุณก็ยังคงเป็นหนึ่งในใจผมตลอดไป
（僕の心の中では永遠にきみが一番）

sanèe yùu thîi rɔɔyyím lɛ́ taa too too khɔ̆ɔŋ khun
yàa sŏncai kàp aayú thîi phə̂əm khûn ləəy ná
phrɔ́ thŭŋ khun cà aayú mâak khûn thâodai
khun kɔ̂ yaŋ pen thîi nɨ̀ŋ nai cai phŏm talɔ̀ɔt pai

第1部　「おめでとう」のカード

★　ルールーのタイのおはなし　〜誕生日〜　★

　タイ人は友人や知人の誕生日にカードを送るのが大好き。カードにはお祝いの言葉や幸運・成功・健康を祈願する言葉を書くことが多いんd。それからタイ人はバースデーパーティーも大好きで、自分の誕生日に客を招く人もたくさんいる。日本では、レストランで誕生会をするときにはみんなが主賓にご馳走するのが一般的だけど、タイでは誕生日の本人がみんなにご馳走することになっているんだ。そのかわり、招かれた人は必ず心のこもったバースデープレゼントを用意していくんだよ。

　タイ人の誕生日に対しての考え方は日本や欧米とは少し違っているかもしれない。仏教徒のタイ人は、人間は必ず老・病・死を迎えると小さいころから教わっていて、誕生日というのは「去年より一年、死に近づいた」と気づかせるための日だと考えるんだ。また、今まで生きてきたことを感謝し、喜び、自分と他人のために徳を積めば、その年に良いことがおきるとも考えてる。だから誕生日になると仏教徒は徳を積むのさ。タイ語で「誕生日に徳を積む」は **ทำบุญวันเกิด**(thambun wankə̀ət)。「徳」は托鉢僧に供物したり、亡くなった人に供養をしたり、ボランティア活動をしたりして積むことができるよ。

　タイ人の厄年は25歳。25歳は若者から大人になる年齢で、人生を踏み外しやすい時期と考えられているからなんだ。だから、悪行や災難に流されないよう、徳を積む人も多いよ。それから干支一周にあたる12年を人生の区切りとして、生まれてから12年ごと、年女・年男のときに盛大に徳を積む人もいるんだ。

結婚

★ よく使われる文例 ★

愛情と喜びが永遠に続きますように
ขอให้ความรักและความรู้สึกดีๆ ยั่งยืนตลอดไป
khɔ̌ɔhâi khwaamrák lɛ́ khwaamrúusùk dii dii yâŋyɯɯn talɔ̀ɔt pai

> **ความรู้สึกดีๆ**(khwaamrúusùk dii dii) は直訳すると「良い感じ・感情」だけど、ここでは**喜び**と訳しました。

あなた達お二人は本当にお似合いです
คุณทั้งสองคนช่างเหมาะสมกันจริงๆ
khun tháŋ sɔ̌ɔŋ khon châŋ mɔ̀sǒm kan ciŋ ciŋ

お互いに理解しあい、信頼しあいますように
ขอให้เข้าใจกันไว้ใจกัน
khɔ̌ɔhâi khâocai kan, wáicai kan

お互いに助けあいますように
ขอให้ช่วยเหลือกัน
khɔ̌ɔhâi chûaylɯ̌a kan

お互いに尊敬しあいますように
ขอให้เคารพนับถือซึ่งกันและกัน
khɔ̌ɔhâi khaoróp nápthɯ̌ɯ sɯ̂ŋkan lɛ́ kan

早くかわいいお子さんに恵まれますように
ขอให้มีลูกน่ารักเร็วๆ
khɔ̌ɔhâi mii lûuk nâarák rew rew

第1部 「おめでとう」のカード

下のカードは、上と同じ文章を飾り文字で書いたものです。実際に手書きでこういう字を書くことはないけれど、タイのお友達から来るカードに使われていることもあるので参考にしてね。

結婚

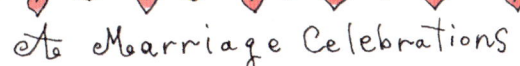
A Marriage Celebrations

ついにあなたは運命の人に出会いましたね
お幸せに！

ในที่สุดคุณก็เจอเนื้อคู่คุณแล้ว ขอให้มีความสุข

naithîisùt khun kô cəə nɯ́akhûu khun lɛ́ɛw
khɔ̌ɔhâi mii khwaamsùk

第1部 「おめでとう」のカード

"愛は人を幸せにする"
ご結婚おめでとうございます

ความรักทำให้คนมีความสุข
สุขสันต์วันวิวาห์

khwaamrák thamhâi khon mii khwaamsùk
sùksăn wanwíwaa

これは男性の結婚を祝うときの文章だけど、グリーンの下線部分を「ハンサムな」という意味の **หล่อ**(lɔ̀ɔ)、「やさしい」**ใจดี**(caidii)、「すばらしい」**วิเศษ**(wísèet) に替えれば、女性の結婚を祝う文章にもなるよ。

すてきなパートナーが得られたことを
お喜び申し上げます
暖かい家族を築き
いつまでも幸せでありますように

ขอแสดงความยินดีด้วยครับ
ที่ได้คู่ใจที่น่ารัก
ขอให้มีครอบครัวที่อบอุ่น
และมีความสุขตลอดไปครับ

khɔ̌ɔ sadɛɛŋ khwaamyindii dûay khráp
thîi dâi khûucai thîi nâarák
khɔ̌ɔhâi mii khrɔ̂ɔpkhrua thîi òpùn
lɛ́ mii khwaamsùk talɔ̀ɔt pai khráp

น่ารัก(nâarák) は「かわいい」という意味。この文章の **น่ารัก** には「かわいくてすてき」という意味も含まれているの。だからここでは**すてき**と訳してみました。

ブルーの下線部分を **ค่ะ** に替えれば女性が書いても OK。

第1部 「おめでとう」のカード

結婚は幸せの始まりです
ご結婚おめでとうございます

การแต่งงานคือจุดเริ่มต้นของความสุข
สุขสันต์วันวิวาห์

kaantèŋŋaan khɯɯ cùtrɤ̂ɤmtôn
khɔ̌ɔŋ khwaamsùk
sùksǎn wanwíwaa

愛情は植木とおなじように
時間をかけ心をこめて世話をしなければなりません
二人の関係を大切に
そしていつまでも互いに愛しあい
理解しあえますように

**ความรักเหมือนต้นไม้
ต้องใช้เวลาดูแลและเอาใจใส่
ขอให้ทะนุถนอมความสัมพันธ์ของทั้งสองคน
และขอให้รักกันและเข้าใจกันตลอดไปค่ะ**

kwaamrák mǔan tônmáai
tôŋ chái weelaa duulɛɛ lɛ́ ao cai sài
khɔ̌ɔhâi thanúthanɔ̌ɔm khwaamsǎmphan
khɔ̌ɔŋ tháŋ sɔ̌ɔŋ khon
lɛ́ khɔ̌ɔhâi rák kan lɛ́ khâocai kan talɔ̀ɔt pai khâ

ดูแล (duulɛɛ) は「面倒を見る」、**เอาใจใส่** (ao cai sài) は「熱心になる」という意味。ここでは **ดูแลและเอาใจใส่** (duulɛɛ lɛ́ ao cai sài) を、心をこめて世話をすると訳しました。

ピンクの下線部分を **ครับ** に替えれば、男性が書いても OK。

第1部 「おめでとう」のカード

結婚

いつまでもお互いに愛しあい
富と名声を得て長生きしますように
そして子々孫々繁栄されますように

ขอให้รักกันนานๆ
ถือไม้เท้ายอดทองกระบองยอดเพชร
（金の杖・ダイヤモンドの棒が持てますように）
และมีลูกเต็มบ้านมีหลานเต็มเมืองค่ะ
（子どもが家中にたくさんいて、孫が街中にたくさんいますように）

khɔ̌ɔhâi rák kan naan naan
thɯ̌ɯ máitháao yɔ̂ɔt thɔɔŋ, krabɔɔŋ yɔ̂ɔt phét
lɛ́ mii lûuk tem bâan, mii lǎan tem mɯaŋ khâ

上級　内側

「金」は富や名声、「杖」は長生きの象徴。「金の杖」**ไม้เท้ายอดทอง**
(máitháao yɔ̂ɔt thɔɔŋ)は「お金持ちで名声があって長生きする」という意味になる。それから「ダイヤモンド」はとても硬い宝石、「棒」は武器の棍棒のことで、権力の象徴。だから「ダイヤの棒」**กระบองยอดเพชร**
(krabɔɔŋ yɔ̂ɔt phét)は「揺らぎない権力」という意味。「金の杖・ダイヤモンドの棒」は「功成り名を遂げ共白髪になった仲の良い夫婦」を表しているんだ。ここでは日本人にもわかりやすい訳にしてあるよ。

「子どもが家中にたくさんいて、孫が街中にたくさんいますように」というのもタイ独特の言い回し。「子宝に恵まれ、孫子の代まで栄えますように」という意味なんだ。実際よりもオーバーに表現することで、お祝いの気持ちをたくさんこめているんだね。

★　ルールーのタイのおはなし　～結婚～　★

　タイの結婚式は、たいてい朝のうちにスタートする。地方によって形は少し違うけど、普通の仏教徒は新郎新婦がお坊さんにお供えするところから始まるんだ。お坊さんたちは、受けた供物の食事が終わるとお祝いのお経をあげ、厄除けの儀式をしてくれる。そのあと新郎新婦の手首や頭に聖なる糸が結ばれて、年上の参列者が新郎新婦の手に聖水をかけながら祝福の言葉をかけたり、夫婦としての心得を話したりしてくれるよ。その後、披露宴が行なわれるんだ。

　タイでは、お祝い事のときに来るお客さんを拒むのは縁起が悪いと考えるから、結婚披露宴に何人来るかは当日まで分からないんだ。日本とずいぶん違うよね。席も日本の披露宴のように席順はなくて、好きな席に座っていいんだ。だからブッフェスタイルの会食形式や、来客数によって量を調整できる中華などの大皿料理が人気なのさ。披露宴は堅苦しくないホームパーティのような雰囲気。ただ最近、バンコクでは日本と同じような華やかでフォーマルな披露宴を行なうカップルも増えてきてるんだ。

　披露宴の出席者は、案内状の入っていた封筒に御祝儀を入れて渡すのが一般的で、その他にプレゼントを渡す人も。このとき、ハンカチは贈らないほうがいいよ。悪いことが起きてそのハンカチで涙を拭くようになるという言い伝えがあるからね。単なる迷信かもしれないけど、おめでたい雰囲気に水をささないためにも、贈らないほうがいいと思う。

　そうそう、もうひとつタイの披露宴のタブーを教えるね。日本では黒色のフォーマルドレスやスーツで出席する人も多い披露宴だけど、タイで黒は「喪の色」と考えられているから黒い服を着て行っちゃダメ。気をつけて！

　日本や欧米では新婚さんに子どもの話をすることはあまりないけど、タイでは「子どもは将来親の面倒をみるし、支えになってくれる」と考えるから、すぐ子どもの話をするよ。結婚式や披露宴で「たくさん子どもができますように」「早く子どもができますように」っていうタイ人のお友達やおじさん・おばさんに会ってもびっくりしないでね。

結婚記念日

結婚記念日おめでとうございます

สุขสันต์วันครบรอบแต่งงาน

sùksǎn wan khrɔ́prɔ̂ɔp tɛ̀ŋŋaan

สุขสันต์(sùksǎn) は直訳すれば「ハッピー」なんだけど、ここではおめでとうと訳してあります。

結婚記念日、おめでとうございます
いつまでもお幸せに

ยินดีกับวันครบรอบแต่งงานด้วยค่ะ
ขอให้มีความสุขตลอดไปค่ะ

yindii kàp wan khróprɔ̂ɔp tɛ̀ŋŋaan dûay khâ
khɔ̌ɔhâi mii khwaamsùk talɔ̀ɔt pai khâ

第1部 「おめでとう」のカード

結婚記念日

少し愛して、長〜く愛して

รักกันน้อยๆแต่รักกันนานๆ

rák kan nɔ́ɔy nɔ́ɔy tɛ̀ɛ rák kan naan naan

上級 表側

結婚生活はワインのようです
日が経つにつれ、より薫り高くなり
味もまろやかになってゆきます
あなたの結婚生活が
年代物の高級ワインのようにまろやかでありますように

ชีวิตคู่เหมือนเหล้าไวน์
ยิ่งนานวันยิ่งหอมยิ่งกลมกล่อม
ขอให้ชีวิตคู่ของคุณ
กลมกล่อมเหมือนเหล้าไวน์ชั้นดี<u>ครับ</u>

chiiwít khûu mǔan lâowaai
yîŋ naan wan yîŋ hɔ̌ɔm yîŋ klomklɔ̀m
khɔ̌ɔhâi chiiwít khûu khɔ̌ɔŋ khun
klomklɔ̀m mǔan lâowaai chán dii <u>khráp</u>

ブルーの下線部分を **ค่ะ** に替えれば、女性が書いても OK。

出産

★ よく使われる文例 ★

男児ご誕生、おめでとうございます
ยินดีที่ได้ลูกชาย
yindii thîi dâi lûukchaay

女児ご誕生、おめでとうございます
ยินดีที่ได้ลูกสาว
yindii thîi dâi lûuksǎaw

ご自慢のお写真を見せてくださいね！
เอารูปมาอวดด้วยนะ
(写真を持ってきて自慢してね)
ao rûup maa ùat dûay ná

おちびちゃんのお顔が見たいわ
อยากเห็นหน้าหนูน้อยจัง
yàak hěn nâa nǔunɔ́ɔy caŋ

子どもは何にもまさる宝物
ลูกคือสมบัติอันมีค่า
(子どもは高価な宝物です)
lûuk khɯɯ sǒmbàt an miikhâa

新米のパパとママ、
おめでとうございます
ขอแสดงความยินดีกับคุณพ่อคุณแม่คนใหม่ด้วย
khɔ̌ɔ sadɛɛŋ khwaamyindii kàp khun phɔ̂ɔ
khun mɛ̂ɛ khon mài dûay

こんにちは　赤ちゃん

ขอต้อนรับทารกน้อย

（ようこそ　赤ちゃん）

khɔ̌ɔ tôɔnráp thaarók nɔ́ɔy

第1部 「おめでとう」のカード

出産

初級 内側

おちびちゃんが健康で
すくすくと育ちますように！

ขอให้ลูกน้อยโตไวๆ
（おちびちゃんが早く育ちますように）
และร่างกายแข็งแรงครับ
（そして健康でありますように）

khɔ̌ɔhâi lûuknɔ́ɔy too wai wai
lɛ́ râaŋkaay khɛ̌ŋrɛɛŋ khráp

初級 内側

おちびちゃんが早く大きくなりますように
おめでとうございます

ขอให้เจ้าตัวเล็กโตวันโตคืน
（おちびちゃんが昼に夜に大きくなりますように）
ขอแสดงความยินดีด้วยค่ะ

khɔ̌ɔhâi câotualék too wan too khɯɯn
khɔ̌ɔ sadɛɛŋ khwaamyindii dûay khâ

上の **ลูกน้อย**(lûuknɔ́ɔy)、下の **เจ้าตัวเล็ก**(câotualék) はともに
「おちびちゃん」という意味の口語。愛情をこめて呼ぶときに使うのよ。

どれどれ、子どもはどっちに似ているのかな

ไหน ขอดูหน่อยซิ
（どれ、ちょっと見せてごらん）

ลูกหน้าเหมือนใคร
（子どもは誰の顔に似ているのか）

nǎi, khɔ̌ɔ duu nɔ̀y sí
lûuk, nâa mɯ̌an khray

第1部 「おめでとう」のカード

出産

中級 内側

健康で
ママみたいに美しく
パパみたいに賢くなりますように

**ขอให้ร่างกายแข็งแรง
สวยเหมือนแม่
ฉลาดเหมือนพ่อ<u>ครับ</u>**

khɔ̌ɔhâi râaŋkaay khɛ̌ŋrɛɛŋ
sǔay mǔan mɛ̂ɛ
chalàat mǔan phɔ̂ɔ <u>khráp</u>

ブルーの下線部分を **ค่ะ** に替えれば女性が書いてもOK。

子どもは天からの授かり物

ฟ้าได้ประทานลูกน้อยมาให้

(天は小さな子どもを授けてくれた)

fáa dâi prathaan lûuknɔ́ɔy maa hâi

第1部 「おめでとう」のカード

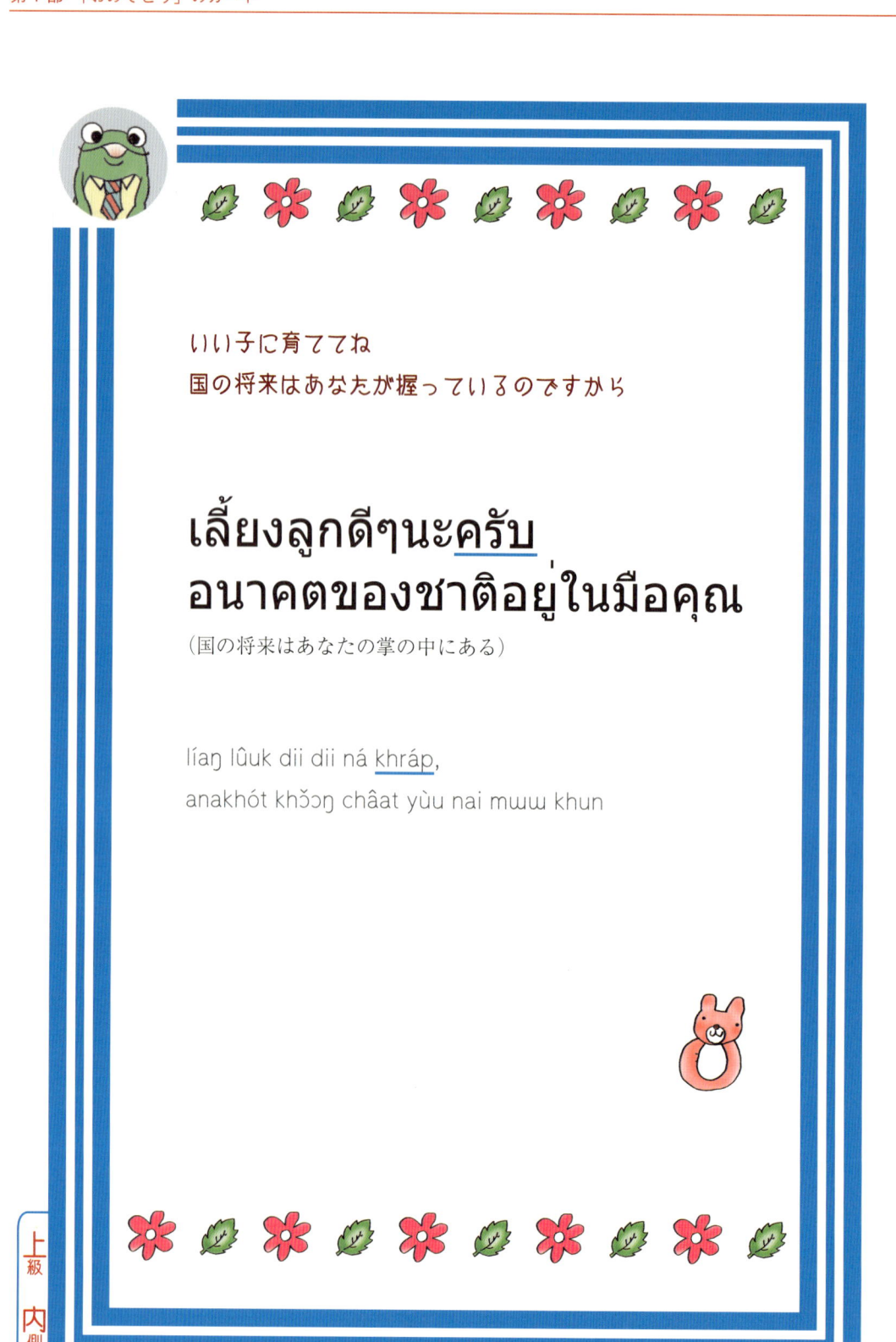

いい子に育ててね
国の将来はあなたが握っているのですから

เลี้ยงลูกดีๆนะครับ
อนาคตของชาติอยู่ในมือคุณ
（国の将来はあなたの掌の中にある）

líaŋ lûuk dii dii ná khráp,
anakhót khɔ̌ɔŋ châat yùu nai mɯɯ khun

★　ルールーのタイのおはなし　〜出産〜　★

　タイでは赤ちゃんが生まれると、生まれた時刻、曜日、年月日を詳しく記録するんだ。最近は自分たちで名前をつける両親も多いけれど、一昔前までは両親や祖父母が赤ちゃんの誕生データを持ってお寺へ行って、お坊さんに命名してもらったり、厄除けをしてもらったり、運勢を占ってもらったりしていたんだよ。

　赤ちゃんが生まれるとプレゼントを持ってお祝いに行くんだ。タイには、赤ちゃんを見て「不細工な赤ちゃんだわ」とうれしそうに言う人がいるよ。日本人は、あまりの無礼さに絶句しちゃうと思うけど、実はこれには意味があるんだ。昔のタイ人は、赤ちゃんは **ผี**(phǐi) という精霊やお化けのようなものが人間の形のものを作り、魂を入れて女性の腹の中に送り込むと信じていた。生まれた赤ちゃんがかわいいと **ผี** が連れ戻しに来るため、短命になると信じられていたんだ。だから、今でもわざと **น่าเกลียดน่าชัง** (nâaklìat nâachaŋ)「不細工」と言うのさ。赤ちゃんを **ผี** に連れて行かれたら、いやだもんね！

　タイでは赤ちゃんが生後4日を過ぎたとき、**ขวัญ** (khwǎn)「魂・守護霊」を招いて体内に迎え入れる **พิธีรับขวัญ** (phíthii ráp khwǎn)「受魂の儀式」を行なうよ。お坊さんにお経をあげてもらったり、聖なる糸をつけて魔物から守ってもらったり、成長を祈願してもらったりするんだ。今でもそのならわしは残っているんだよ。

卒業

ついにこの日が来た！

ในที่สุดวันนี้ก็มาถึง

naithîisùt wanníi kô maa thǔŋ

右のページの文章はそれぞれ、ブルーの下線を **ค่ะ** に替えると女性用に、ピンクの下線を **ครับ** に替えると男性用になります。

おめでとう
未来が輝かしいものでありますように

ยินดีด้วยนะ
ขอให้มีอนาคตที่สดใสครับ

yindii dûay ná
khɔ̌ɔhâi mii anaakhót thîi sòtsǎi khráp

長い間苦労したけれど
ついに卒業ですね
おめでとう

เหนื่อยมานาน
（長い間疲れてきて）
เรียนจบซะที
ยินดีด้วยนะค่ะ

nɯ̀ay maa naan
riancòp sá thii
yindii dûay ná khâ

第1部 「おめでとう」のカード

努力のあるところには成功がある

ความพยายามอยู่ที่ไหน ความสำเร็จอยู่ที่นั่น

khwaamphayayaam yùu thîinǎi
khwaamsǎmrèt yùu thîinân

これは連名で送るのに向いている文章だよ。個人で送りたいときはグリーンの下線部分を、女性なら **ฉัน** に、男性なら **ผม** に替えてね。そうそう、男性はピンクの下線部分を **ครับ** に替えるのも忘れないで！

あなたはすごいと
わたしたちに証明してくれました
ご成功、
おめでとうございます

คุณได้พิสูจน์ให้พวกเราเห็นแล้วว่า

คุณเก่งจริงๆ

ขอแสดงความยินดีด้วยค่ะ

กับความสำเร็จ

khun dâi phísùut hâi phûakrao hĕn lɛ́ɛw wâa

khun kèŋ ciŋ ciŋ

khɔ̌ɔ sadɛɛŋ khwaamyindii dûay khâ

kàp khwaamsǎmrèt

人生のさらなるご成功を
お祝い申し上げます

ขอยินดีกับความสำเร็จ
อีกก้าวหนึ่งของชีวิต

（さらに一歩進んだ人生の）

khɔ̌ɔ yindii kàp khwaamsǎmrèt
ìik kâaw nɯ̀ŋ khɔ̌ɔŋ chiiwít

勉学成就
おめでとうございます
これからの人生でもご成功なさいますように
応援しています

ขอแสดงความยินดีด้วยค่ะ
ประสบความสำเร็จในการเรียนแล้ว
ขอให้ประสบความสำเร็จในชีวิตข้างหน้าด้วย
จะเป็นกำลังใจให้ค่ะ

khɔ̌ɔ sadɛɛŋ khwaamyindiii dûay khâ
prasòp khwaamsǎmrèt nai kaanrian lɛ́ɛw
khɔ̌ɔhâi prasòp khwaamsǎmrèt nai chiiwít khâaŋnâa dûay
cà pen kamlaŋcai hâi khâ

ピンクの下線部分を **ครับ** に替えれば、男性が出しても OK。

★ ルールーのタイのおはなし ～卒業～ ★

　大学の卒業式はタイ人にとって、人生の重要なイベント。日本でいえば成人式みたいな感じかな。
　え？入学式や、小中高の卒業式は違うのかって？そうなんだ、それらは家族で小ぢんまりお祝いをするだけ。家族だけじゃなく親戚や友人知人みんなに派手にお祝いしてもらえるのは、大学の卒業式だけなんだ。

　タイの国立大学では、王族から卒業証書を受け取るんd。タイ王室を敬愛するタイ人にとって、王族から卒業証書を受け取れることは誇りであり、人に自慢できることなのさ。前はプミポン国王陛下が授与なさっていたけれど、最近は健康状態があまりよくないので、シリントーン王女が代わりに出席されているよ。
　忙しい王女のスケジュールに合わせるため、卒業式の日程は卒業からずいぶん後になることも多いんだ。卒業の半年後になることもあるよ。社会人になってから会社を休んで卒業式に出席するなんて、日本人のみんなは不思議に思うだろうね。
　もちろん、国立以外の大学でも卒業式はとても華やかだよ。

　タイ人にとって卒業式は、人生の大切な節目の日として記念すべき日。本当に大きな意味を持つ日なんだ。
　卒業式には家族はもちろん、親戚、友人、近所のおじちゃんおばちゃんまでみんなお祝いにかけつける。主役たちは男女とも母校のガウンを着てみんなで記念写真をとりまくるのさ。女の子にとっては結婚式と並ぶ晴れ舞台だから、花嫁さんもびっくりするほどのばっちりメークをするんだよ。
　そんなわけで、卒業式シーズンの美容院や写真屋は大忙しのフル稼働なのさ。

就職

好きな仕事にめぐり合えてよかったね！

ยินดีด้วยที่ได้งานที่ชอบ

yindii dûay thîi dâi ŋaan thîi chɔ̂ɔp

第1部 「おめでとう」のカード

がんばってください
いつも応援しています

ขอให้พยายามนะครับ
จะคอยเอาใจช่วยครับ

khɔ̌ɔhâi phayayaam ná khráp
cà khɔɔy ao cai chûay khráp

新しいお仕事を楽しみつつ
成功なさいますように

ขอให้สนุกกับงานใหม่
และทำงานได้เก่งๆนะค่ะ
(そして仕事が上手にできますように)

khɔ̌ɔhâi sanùk kàp ŋaan mài
lɛ́ thamŋaan dâi kèŋ kèŋ ná khâ

上の文章はそれぞれ、ブルーの下線を **ค่ะ** に替えると女性用に、ピンクの下線を **ครับ** に替えると男性用になるわよ。

自分に自信をもつことは
成功のはじまりである

การเชื่อมั่นในตนเอง เป็นจุดเริ่มต้นของความสำเร็จ

kaanchɯ̂amân nai toneeŋ
pen cùtrə̂əmtôn khɔ̌ɔŋ khwaamsǎmrèt

第1部 「おめでとう」のカード

Congratulations!

働きたい部署に配属されて
同僚みんなに愛されますように
応援しています

ขอให้ได้งานที่ชอบ
(好きな仕事を得ることができて)
และเป็นที่รักของเพื่อนร่วมงานทุกคน
เอาใจช่วยเสมอครับ

khɔ̌ɔhâi dâi ŋaan thîi chɔ̂ɔp
lɛ́ pen thîi rák khɔ̌ɔŋ phɯ̂anrûamŋaan thúkkhon
ao cai chûay samə̌ə khráp

就職

上級 内側

ブルーの下線を **ค่ะ** に替えれば女性が出しても OK。

昇進

ご昇進おめでとうございます！

ดีใจด้วยที่ได้เลื่อนขั้น

diicai dûay thîi dâi lûankhân

これからも仕事が順調でありますように
部下に信頼され、慕われ
周りの人に認められますように

ขอให้โชคดีกับงานข้างหน้า
เป็นที่รักและไว้วางใจของลูกน้อง
และเป็นที่ยอมรับของคนรอบข้างนะครับ

khɔ̌ɔhâi chôokdii kàp ŋaan khâaŋnâa
pen thîirák lɛ́ wáiwaaŋcai khɔ̌ɔŋ lûuknɔ́ɔŋ
lɛ́ pen thîi yɔɔmráp khɔ̌ɔŋ khon
rɔ̂ɔpkhâaŋ ná khráp

ブルーの下線を ค่ะ に替えれば女性が出しても OK です。

転居

家は地上の天国

บ้านคือสวรรค์บนดิน

bâan khɯɯ sawǎn bon din

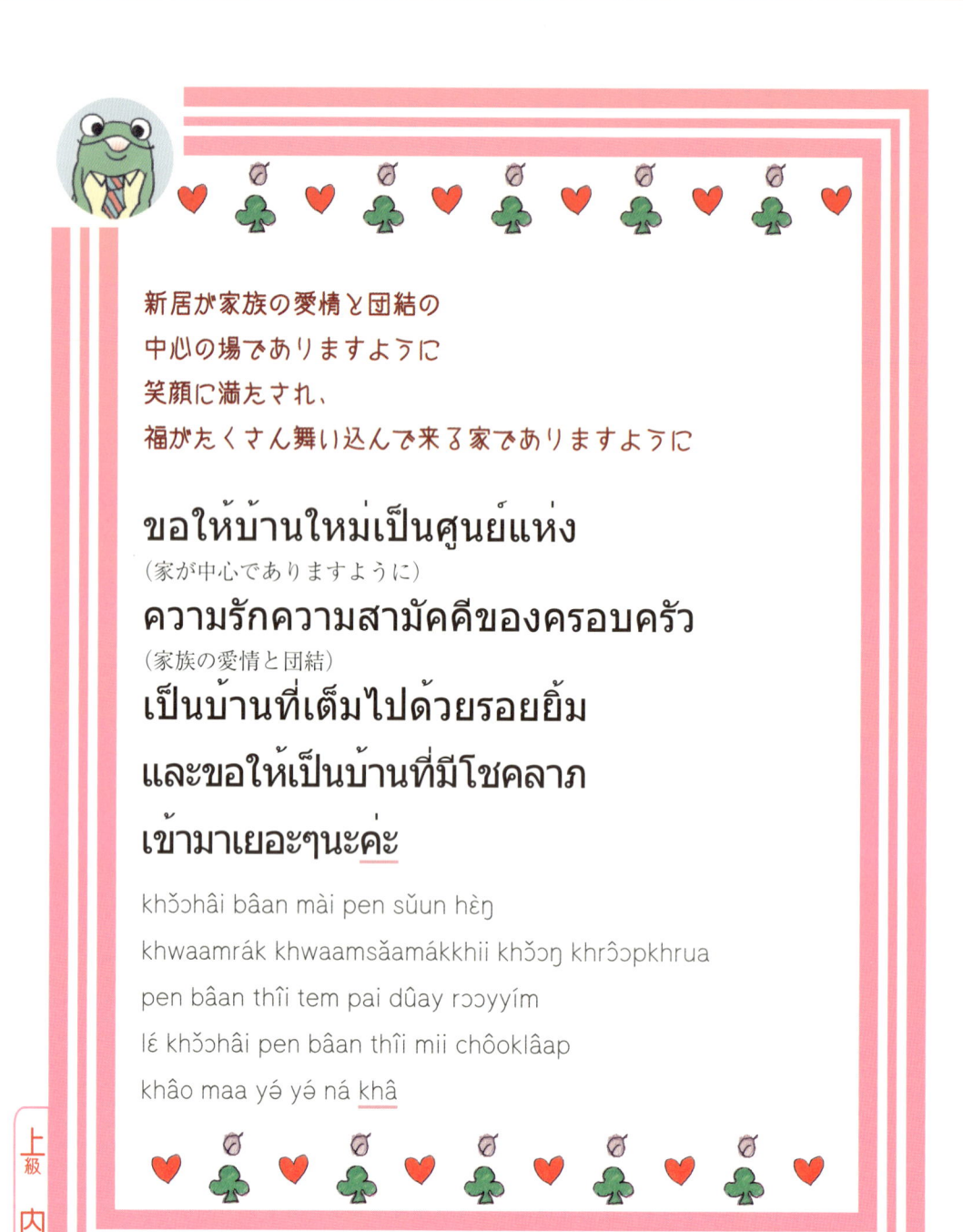

新居が家族の愛情と団結の
中心の場でありますように
笑顔に満たされ、
福がたくさん舞い込んで来る家でありますように

ขอให้บ้านใหม่เป็นศูนย์แห่ง
（家が中心でありますように）
ความรักความสามัคคีของครอบครัว
（家族の愛情と団結）
เป็นบ้านที่เต็มไปด้วยรอยยิ้ม
และขอให้เป็นบ้านที่มีโชคลาภ
เข้ามาเยอะๆนะค่ะ

khɔ̌ɔhâi bâan mài pen sǔun hɛ̀ŋ
khwaamrák khwaamsǎamákkhii khɔ̌ɔŋ khrɔ̂ɔpkhrua
pen bâan thîi tem pai dûay rɔɔyyím
lɛ́ khɔ̌ɔhâi pen bâan thîi mii chôoklâap
khâo maa yɛ́ yɛ́ ná khâ

> ピンクの下線を **ครับ** に替えれば男性が出しても OK です。

転居　上級　内側

第2部

季節ごとの
グリーティングカード

1月　　お正月
2月　　バレンタインデー
8月　　母の日
12月　　父の日
　　　　クリスマス

※タイの父の日・母の日は、日本と日にちが違います。
　詳しくは本文を参照してください。

お正月

★ よく使われる文例 ★

今年がよい年でありますように
ขอให้ปีนี้เป็นปีที่ดี
khɔ̌ɔhâi piiníi pen pii thîi dii

お正月の旅行、楽しんできてね
ปีใหม่ขอให้เที่ยวสนุกนะ
piimài, khɔ̌ɔhâi thîaw sanùk ná

健康でありますように
ขอให้มีสุขภาพแข็งแรง
khɔ̌ɔhâi mii sùkkhaphâap khěŋrɛɛŋ

お金持ちになりますように
ขอให้ร่ำรวย
khɔ̌ɔhâi râmruay

きれいな彼女ができますように
ขอให้มีแฟนสวยๆ
khɔ̌ɔhâi mii fɛɛn sǔay sǔay

ハンサムな彼ができますように
ขอให้มีแฟนหล่อๆ
khɔ̌ɔhâi mii fɛɛn lɔ̀ɔ lɔ̀ɔ

長生きしますように
ขอให้มีอายุมั่นขวัญยืน
khɔ̌ɔhâi mii aayú mân khwǎn yɯɯn

お正月

ご商売が繁盛しますように
ขอให้ทำมาค้าขายเจริญรุ่งเรือง
khɔ̌ɔhâi thammaa kháakhǎay carəən rûŋrwaŋ

「商売をする」は **ค้าขาย**(kháakhǎay) と書くのが一般的だけど、グリーティングカードではリズミカルな文章にするために **ทำมาค้าขาย** (thammaa kháakhǎay) をつかう場合が多いのよ。

新しいお仕事が成功しますように
ขอให้งานใหม่ประสบความสำเร็จ
khɔ̌ɔhâi ŋaan mài prásòp khwaamsǎmrèt

すべてのことがうまくいきますように
ขอให้ประสบความสำเร็จในทุกสิ่งที่ทำ
khɔ̌ɔhâi pràsòp khwaamsǎmrèt nai thúksiŋ thîi tham

運転免許が取れますように
ขอให้สอบใบขับขี่ได้
(運転免許の試験に合格しますように)

khɔ̌ɔhâi sɔ̀ɔp bai khápkhìi dâi

グリーンの下線の部分をとれば、「試験に合格しますように」という文章になります。

昇進しますように
ขอให้ได้เลื่อนขั้น
khɔ̌ɔhâi dâi lɯ̂ankhân

成績がアップしますように
ขอให้เรียนเก่งๆและสอบได้คะแนนดีๆ
(勉強がよくできて、試験でよい点が取れますように)

khɔ̌ɔhâi rian kèŋ kèŋ lɛ́ sɔ̀ɔp dâi khanɛɛn dii dii

第2部　季節ごとのグリーティングカード

ハッピーニューイヤー

สุขสันต์วันปีใหม่

sùksăn wan piimài

初級　表側

> 下のカードは、上と同じ文章を飾り文字で書いたものです。実際に手書きでこういう字を書くことはないけれど、タイのお友達から来るカードに使われていることもあるので参考にしてね。

ハッピーニューイヤー

สุขสันต์วันปีใหม่

sùksăn wan piimài

初級　表側

お正月

恋がかないますように
そして、今よりももっとかわいくなりますように

ขอให้สมหวังในความรัก
และน่ารักยิ่งขึ้นค่ะ

khɔ̌ɔhâi sɔ̌mwǎŋ nai khwaamrák
lɛ́ nâarák yîŋ khûn khâ

初級　内側

この本では出す人の性別によってカード枠の色分けがしてあります（受け取る相手の性別じゃないから、注意してね！）。でも、文章中 **ครับ** に下線が引いてあるものは **ค่ะ** に替えると女性用に、**ค่ะ** に下線が引いてあるものは **ครับ** に替えると男性用にもなるの。タイ語に慣れてきたら、いろいろと試してみて。

新年のご多幸と
お仕事のご活躍をお祈りいたします

ปีใหม่นี้ขอให้มีความสุข
（この新年にしあわせがあり）
และก้าวหน้าในหน้าที่การงานครับ
（そして仕事が前進しますように）

piimàiníi khɔ̌ɔhâi mii khwaamsùk
lɛ́ kâawnâa nai nâathîi kaaŋŋaan khráp

初級　内側

第 2 部　季節ごとのグリーティングカード

新しき年に幸運を！
神聖なる力のご加護が
あなたとご家族にありますように

โชคดีปีใหม่ครับ
ขอให้สิ่งศักดิ์สิทธิ์ทั้งหลายจงคุ้มครอง
คุณและครอบครัวตลอดไปครับ

chôokdii piimài khráp
khɔ̌ɔhâi sìŋsàksìt tháŋlǎay coŋ khúmkhrɔɔŋ
khun lɛ́ khrɔ̂ɔpkhrua talɔ̀ɔt pai khráp

Happy  New Year.

　この本では出す人の性別によってカード枠の色分けがしてあります（受け取る相手の性別じゃないから、注意してね！）。でも、文章中 **ครับ** に下線が引いてあるものは **ค่ะ** に替えると女性用に、**ค่ะ** に下線が引いてあるものは **ครับ** に替えると男性用にもなるの。タイ語に慣れてきたら、いろいろと試してみて。

お正月

あけましておめでとうございます
ご家族みなさまの
ご多幸とご繁栄
ご発展をお祈りいたします

สวัสดีปีใหม่ค่ะ

ขอภาวนาให้คุณและครอบครัว
（お祈りします）　　（あなたとご家族が）

จงประสบแต่ความสุขความเจริญ
（幸せと繁栄のみに出会いますように）

และได้ทุกอย่างดั่งสมปรารถนาทุกประการค่ะ
（そして願い事すべてがかないますように）

sawàtdii piimài khâ

khɔ̌ɔ phaawanaa hâi khun lɛ́ khrɔ̂ɔpkhrua

coŋ prásop tɛ̀ɛ khwaamsùk khwaamcarəən

lɛ́ dâi thúkyàaŋ dàŋ sǒm pràatthanǎa thúk prakaan khâ

中級　内側

タイ語の直訳だとあまりなじみがない言い回しも多いので、日本の年賀状で一般に使われる文章に意訳してあります。直訳は（　）の中を参照してね。

お正月

第2部 季節ごとのグリーティングカード

新年にあたり
三宝と神聖なる力のご加護により
あなたとご家族のご多幸と
息災をお祈り申し上げます

เนื่องในโอกาสวันขึ้นปีใหม่
ขออำนาจคุณพระศรีรัตนตรัย
และสิ่งศักดิ์สิทธิ์ทั้งปวง
จงดลบันดาลให้คุณและครอบครัว
มีความสุขสดใสและรอดพ้นจาก
(晴れやかな幸せがあること)
ภัยอันตรายทั้งมวลครับ
(そしてあらゆる災難から逃れること)

nûaŋnai ookàat wan khûn piimài
khɔ̌ɔ amnâat khun phrásǐiráttanátray
lɛ́ sìŋsàksìt tháŋpuaŋ
coŋ donbandaan hâi khun lɛ́ khrɔ̂ɔpkhrua
mii khwaamsùk sòtsǎi lɛ́ rɔ̂ɔtphón càak
phayantaraay tháŋmuan khráp

上級 内側

これは目上の人や仕事関係の人に送るフォーマルな文章です。この文章にでてくる「三宝」**พระศรีรัตนตรัย**(phrásǐiráttanátray) というのは、仏（ブッダ）・法（ブッダの教え）・僧（ブッダの教えを広める人）のこと。タイの仏教では、この「三宝」がすごく重要な意味を持つのよ。

★　ルールーのタイのおはなし　～お正月～　★

　お正月を迎える前には家の大掃除をするよ。大晦日になると仏教徒のタイ人はお寺に行って、お坊さんの話を聴いたり喜捨（お寺やお坊さんに寄付をすること）をしたりして徳を積むんだ。そして元旦の早朝、托鉢僧に供物をして、家では先祖の供養をするのさ。
　タイ人は「元旦に目上の人に祝福されるとよい年になる」と信じているので、元旦にはおじいさん・おばあさんの家や親戚の家にカードやプレゼントを持って挨拶に行く人が多いよ。

　お正月におくるカードは **ส.ค.ส**(sɔ̌ɔ. khɔɔ. sɔ̌ɔ) と呼ばれている。**ส.ค.ส** は、「幸せを送る」を意味する **ส่งความสุข**(sòŋ khwaamsùk) の略なんだ。この呼び名の通り、カードにたくさんの幸運や成功を祈る言葉を書くんだよ。そうやってたくさんの幸せをつめこんだカードを、近くに住む人には手渡し、遠くの人には郵送するんだ。

　実をいうと、タイ人にとっての本当の「お正月」は、日本人や欧米人が祝う西暦（太陽暦）の1月1日よりも4月13～15日の「ソンクラーン」と呼ばれる期間なんd。お正月のお祝いも、ソンクラーンのほうが盛大なのさ。でも最近では、欧米文化の影響を受けてタイでも西暦のお正月にカードやプレゼントをおくる習慣が根づいてきた。お正月休みの前にボーナスを支給する会社も多いよ。

　ちなみに、中国系タイ人は1月下旬～2月の「旧正月（太陰暦のお正月）」を一番盛大にお祝いするよ。カードを送る相手が中国系タイ人のときは、旧正月に送るのもいいかもしれないね。そのときは中国系タイ人の大好きな、赤や金色の派手な色のカードを選ぶのがポイントだよ。

　そうそう、大事なことを書き忘れてた！仏教徒が多いタイだけど、南部のイスラム教徒をはじめとして、仏教以外の宗教を信じる人もいるんだ。だから、相手が仏教徒じゃないとわかっている場合は、仏教用語を書いたグリーティングカードは送らないほうがいいと思う。

バレンタインデー

★ よく使われる文例 ★

世界で一番大切なのはあなたです
คุณสำคัญกว่าทุกสิ่งในโลก
（あなたはこの世の何よりも大切）
khun sǎmkhan kwàa thúksìŋ nai lôok

いつもあなたを想っています
คิดถึงเธอทั้งวันทั้งคืน
（昼も夜もあなたを想っています）
khítthǔŋ thəə tháŋ wan tháŋ khɯɯn

あなたほど愛した人はいない
ไม่เคยรักใครเท่าเธอ
mâi khəəy rák khray thâo thəə

あなたと出会ってから、人生は鮮やか
ชีวิตสดใสขึ้นเมื่อเจอเธอ
chiiwít sòtsǎi khûn mûa cəə thəə

たとえどんなに遠くにいても
僕はいつも君を想っています
ถึงจะอยู่ไกลสักแค่ไหน
หัวใจผมก็คิดถึงอยู่แต่คุณ
thǔŋ cà yùu klay sàk khɛ̂ɛnǎi
hǔacai phǒm kɔ̂ khítthǔŋ yùu tɛ̀ɛ khun

幸せとは、あなたのそばにいられること
ความสุขคือการได้อยู่เคียงข้างเธอ
khwaamsùk khɯɯ kaan dâi yùu khiaŋkhâaŋ thəə

バレンタインデー

ハッピー　バレンタインデー

สุขสันต์วันวาเลนไทม์

sùksăn wan waalenthai

下のカードは、上と同じ文章をタイ人が手書きで書いたものだよ。クセの強い手書きは慣れないうちは読みにくいかもしれないけど、タイ人からカードが届いたときの参考にしてね。

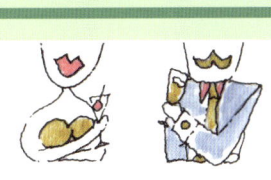

ハッピー　バレンタインデー

สุขสันต์วันวาเลนไทม์

sùksăn wan waalenthai

第 2 部　季節ごとのグリーティングカード

バレンタインデー

初級　内側

すてきなバレンタインデーを
おすごしください

ขอให้คุณมีความสุขมากๆ
（幸せでありますように）
ในวันแห่งความรักครับ

khɔ̌ɔhâi khun mii khwaamsùk mâak mâak
nai wan hèŋ khwaamrák khráp

わたしの心の中は
いつもあなたでいっぱいです

ในหัวใจฉัน
ไม่เคยมีวันที่ไม่มีเธอ
（あなたがいない日はない）

nai hǔacai chǎn
mâi khəəy mii wan thîi mâi mii thəə

初級　内側

　この本では出す人の性別によってカード枠の色分けがしてあります。グリーン枠のものは男女兼用。でも、文章中 **ครับ** に下線が引いてあるものは **ค่ะ** に替えると女性用に、**ค่ะ** に下線が引いてあるものは **ครับ** に替えると男性用にもなります。タイ語に慣れてきたら、いろいろと試してみてね。

わたしがなにを考えているか
わかる？

รู้ไหมว่าฉันกำลังคิดอะไรอยู่

rúu mǎi wâa chǎn
kamlaŋ khít arai yùu

I miss you. Please call me...

いつもあなたのことを考えているの
なにをしているのかしら
仕事で疲れているのかしら
それとも…わたしのことを想ってくれているかしら

ก็คิดถึงคุณเสมอไง
คิดว่าคุณกำลังทำอะไรอยู่
ทำงานเหนื่อยไหม
หรือ...คิดถึงฉันบ้างหรือเปล่า

kɔ̂ khítthʉ̌ŋ khun samə̌ə ŋai
khít wâa khun kamlaŋ tham arai yùu
thamŋaan nʉ̀ay mǎi
rʉ̌ɯ khítthʉ̌ŋ chǎn bâaŋ rʉ̌ɯplàao

I miss you
I can't sleep tonight

ただ「愛してる」
とだけ伝えたい

แค่อยากจะบอกว่ารักเธอ

kɛ̂ɛ yàak cà bɔ̀ɔk wâa rák thəə

ずっと前から君のことひそかに好きだったんだ
僕の恋人になってくれない？
どんなに遠いところにいても
いつだって君のこと想ってるよ

แอบชอบมานาน
ผมขอเป็นแฟนได้ไหม
ไม่ว่าจะอยู่ไกลสักแค่ไหน
ก็คิดถึงเสมอ

ὲεp chɔ̂ɔp maa naan
phǒm khɔ̌ɔ pen fεεn dâi mái
mâiwâa cà yùu klay sàk khɛ̂ɛnǎi
kɔ̂ khítthʉ̌ŋ samǎə

แอบ(ὲεp)は「隠れる」という意味。**แอบชอบ**(ὲεp chɔ̂ɔp)は「隠れて好き」だけど、ここでは「ひそかに好き」と訳しました。
　あ、この語にストーカーっぽい意味はないから、安心して使ってね。

★ ルールーのタイのおはなし ～バレンタインデー～ ★

バレンタインデーはタイ語で**วันแห่งความรัก**(wan hèŋ khwaamrák)。直訳すると「愛の日」。

昔はそれほど知られていなかったバレンタインデーだけど、最近はタイでも日本と同じくらい盛り上がるようになったんだ。でも日本と大きく違う点が2つあるよ。

まず1つめ。タイでは、バレンタインデーには男性から女性にプレゼントを贈ることが多いんだ。なかでも人気のプレゼントは真っ赤なバラの花。バレンタインデー当日は、どの花屋さんでも赤いバラの花が朝のうちに売り切れてしまうほど（ちなみに、この日はバラの値段も普段の5倍くらいにはね上がるんだ！）。バンコクではバレンタインデーの夕方になると、恋人からもらったバラの花束を誇らしげに抱えて歩くOLや女子学生を見かけるよ。
バラ以外にもぬいぐるみなどのプレゼントや、愛の言葉のいっぱい詰まったカードなどを恋人に渡す男性もたくさんいるね。

それから2つめ。日本でバレンタインデーは片想いの女性がチョコレートを渡して男性に告白する日だけど、タイではバレンタインデーに女性から告白することはあまりない。女性がカードを送る相手は恋人。この日は恋人同士が愛を確かめあう日でもあるんだ。バレンタインデーに区役所で入籍するカップルも多いのさ。

でももちろん、片想いの人が告白してもOK。タイに好きな人がいる人は、この本の文章を参考にしてぜひカードを送ってみてね！

母の日

★ よく使われる文例 ★

心配してくれてありがとう
ขอบคุณที่เป็นห่วง
khɔ̀ɔpkhun thîi penhùaŋ

いつも心の支えになってくれてありがとう
ขอบคุณที่คอยให้กำลังใจ
khɔ̀ɔpkhun thîi khɔɔy hâi kamlaŋcai

困っているとき力になってくれてありがとう
ขอบคุณที่ช่วยเหลือยามลำบากใจ
khɔ̀ɔpkhun thîi chûaylɯ̌a yaam lambàak cai

> 母の日はお母さんに日ごろの感謝を表す日だから、「ありがとう」の文章が多いのよ。上の3つは母の日以外にも、感謝を表すとき全般に使えて便利です。

お母さんが近くにいてくれてうれしいです
ดีใจที่มีคุณแม่อยู่ใกล้ๆ
diicai thîi mii khunmɛ̂ɛ yùu klâi klâi

> グリーンの下線部分をとると「あなたが近くにいてくれてうれしいです」になるので、お友達へカードを送るときにも使える文章になります。

母の日

いつも相談に乗ってくださって
ありがとうございます

ขอบคุณที่คอยให้คำปรึกษา

khɔ̀ɔpkhun thîi khɔɔy hâi khamprɯ̀ksǎa

初級 表側

お母さん、いつまでも健康で
幸福でいてくださいね

ขอให้คุณแม่มีสุขภาพแข็งแรง
และมีความสุขตลอดไป

khɔ̌ɔhâi khun mɛ̂ɛ mii sùkkhaphâap khɛ̌ŋrɛɛŋ
lɛ́ mii khwaamsùk talɔ̀ɔt pai

初級 内側

第2部 季節のグリーティングカード

母の日

お母さんと知り合えてよかった！

ดีใจที่ได้รู้จักกับคุณแม่ค่ะ

diicai thîi dâi rúucàk kàp khunmɛ̂ɛ khâ

中級 表側

> これは外国人向け。次のページとセットで「お母さんみたいに大切に思っています」という気持ちをこめた文章になっているので、お世話になっているタイ人に出してみよう！

> グリーンの下線部分に相手の名前を入れれば、「○○さんと知り合えてよかった」という文章になります。
> 「母の日」「父の日」のカードは上司や目上、お世話になった人にも使える文章のものが多いのよ。

> ピンクの下線部分を **ครับ** に替えれば男性が書いても OK です。

母の日

タイに、本当のお母さんのように
敬愛できる人がいることをうれしく思います

หนูดีใจที่มีคนที่นับถือเหมือนแม่ที่เมืองไทยค่ะ

nǔu diicai thîi mii khon thîi nápthɯ̌ɯ
mɯan mɛ̂ɛ thîi mɯaŋthai khâ

> ピンクの下線部分を **ครับ** に替えれば男性が書いても OK です。

母の日

いつも元気をくださって
ありがとうございます

ขอบคุณที่คอยให้กำลังใจ

khɔ̀ɔpkhun thîi khɔɔy hâi kamlaŋcai

母の日

お母さま、助言や道しるべが必要なときに
いつもよいアドバイスをくださって
本当にどうもありがとうございます

**ขอขอบคุณคุณแม่มากค่ะ
ที่คอยให้คำแนะนำดีๆในยามที่เรา
ต้องการใครสักคนชี้แนะและส่องทาง**

khɔ̌ɔ khɔ̀ɔpkhun khun mɛ̂ɛ mâak khâ
thîi khɔɔy hâi khamnɛ́nam dii dii nai yaam thîi rao
tɔ̂ŋkaan khrai sák khon chíinɛ́ lɛ́ sɔ̀ŋthaaŋ

上級 内側

これはタイ人と結婚して、姑にカードを送りたいと思ったときに参考になる例文。タイでは結婚相手の親も自分の親と同じだと考えるから、お互いの親をとっても大切にするんだ。だからタイの母の日には、忘れずにカード（とプレゼント）を送ろう！

ピンクの下線部分を **ครับ** に替えれば男性が書いてもOKです。

第 2 部　季節のグリーティングカード

★　ルールーのタイのおはなし　～母の日～　★

母の日

　タイの母の日は 8 月 12 日。この日はシリキット王妃陛下のお誕生日でもあるんだよ。貧困撲滅活動や伝統工芸の復興支援など、タイ国民のことをいつも考えていてくださる王妃陛下の功績をたたえるために 1976 年に制定された。

　母の日は国を挙げてお祝いするイベントなんだよ。街のあちこちに王妃陛下の写真が飾られたり、建物がライトアップされている様子を、8 月の初めにタイへ行ったことのある人は見たことがあるかもしれないね。

　日本で母の日のシンボルといえばカーネーションの花だけど、タイではジャスミンの花。純白の花が一年中絶えることなく咲き、よい香りが消えることのないこの花は、「清らかな永遠の愛」、つまりお母さんの子どもに対する愛情を象徴しているんだ。

　タイ人は、命を授けてくれた母親への愛がとても強い民族。母親というのは敬愛すべき存在だと、だれもが小さい頃から教えられている。だからタイ人はみんなお母さんが大好き。母の日には日頃の感謝をこめて**รักแม่**(rák mɛ̂ɛ)「お母さん、大好き！」というカードと、花束やプレゼントを贈るのさ。

　そんなわけでタイの母の日は本来、自分のお母さんやお姑さんにカードやプレゼントを贈る日なんだけど、日本人から「お母さんみたいに大切に思っています」と書かれたカードが届いたら悪い気はしないはず。ぜひ送ってみてね。
　それから、この項の文例は上司やお世話になった人へ感謝の気持ちを表すカードにも使えるよ。参考にしてみてね。

父の日

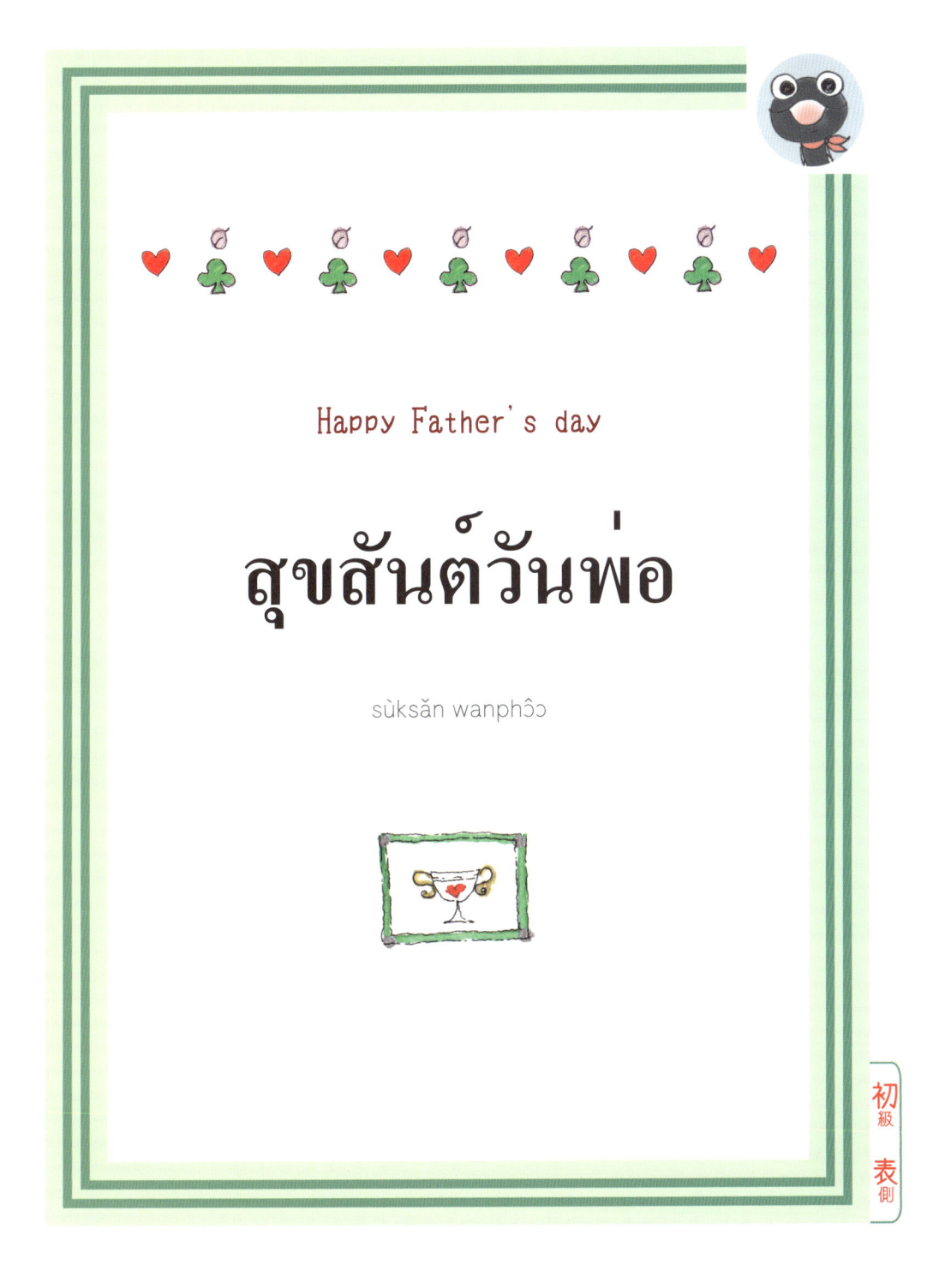

Happy Father's day

สุขสันต์วันพ่อ

sùksăn wanphôɔ

第 2 部　季節のグリーティングカード

父の日

くれぐれもお身体を大切にして
あまり無理なさらないでくださいね

ขอให้รักษาสุขภาพ
อย่าหักโหมเกินไปนะครับ
（がむしゃらに仕事をしすぎないでください）

khɔ̌ɔhâi ráksǎa sùkkhaphâap
yàa hàkhǒom kəənpai ná khráp

初級　内側

ブルーの下線部分を ค่ะ に替えれば女性が書いても OK です。

父の日

いつも気にかけてくださって
ありがとうございます

ขอบคุณที่คอยห่วงใย

khɔ̀ɔpkhun thîi khɔɔy hùaŋyai

上級 表側

> 下の文章はタイ人が父の日に送るカード（表側）の文例。そのままでは日本人には使えないかもしれないけれど、「タイ人はこんなカードを送るのか」という参考にしてね。

僕たちのためにいつも一生懸命働いてくれて、ありがとう

ขอบคุณที่ทำงานหนักเพื่อพวกเราเสมอ

khɔ̀ɔpkhun thîi thamŋaan nàk phɯ̂a pûakrao samə̌ə

第 2 部　季節のグリーティングカード

父の日

上級　内側

いつも心配し指導してくださってありがとうございます
お父さんは私たちのすばらしい手本です
どうかお身体を大切にして　長生きなさってください

ขอบคุณที่คอยชี้แนะและห่วงใย
คุณพ่อคือแบบอย่างที่ดีของพวกเรา
รักษาสุขภาพและขอให้อายุยืนๆครับ
（健康状態を保ち、長生きしてください）

khɔ̀ɔpkhun thîi khɔɔy hùaŋyai
khun phɔ̂ɔ khɯɯ bɛ̀ɛpyàaŋ thîi dii khɔ̌ɔŋ phûakrao
ráksǎa sùkkhaphâap lɛ́ khɔ̌ɔhâi aayú yɯɯn yɯɯn khráp

We love u, Dad

下はタイ人が父の日に送るカード（内側）の文例。お父さんに「お金持ちになりますように」と書くのは、日本人の感覚とは違うんじゃないかな？　でも、タイではよくある文面だよ。

お父さんがお金持ちになって
僕のお小遣いを上げてくれますように！

ขอให้พ่อร่ำรวย
และขึ้นค่าขนมให้ผมด้วยนะครับ

khɔ̌ɔhâi phɔ̂ɔ râmruay
lɛ́ khɯ̂n khâa khanǒm hâi phǒm dûay ná khráp

★ ルールーのタイのおはなし　〜父の日〜 ★

タイの父の日は12月5日。タイ人が「国民の父」として敬愛しているプミポン国王陛下のお誕生日を、タイ政府が1980年に「父の日」に定めたんだ。

父の日も国を挙げてお祝いするイベントなんだよ。11月の中旬くらいから、街のあちこちに国王陛下の肖像画が飾られたり、建物がライトアップされたり。当日は朝、托鉢僧に供物をして国王陛下に徳を積む人も多いんだ。

そうそう、タイの国旗は知ってるよね？　国旗に使われている3色の、赤は国、白は宗教、青は国王をあらわしているんだ。それぐらいタイにとって国王陛下は大切な存在なのさ。

父の日、子どもはお父さんに感謝の気持ちを伝えるためにカードやプレゼントを贈るんだよ。夜には家族で食事に行ったり、花火や王宮近辺の美しいライトアップを見に行ったりもする。そんなイベントを通して子どもはお父さんの大切さを改めて感じるし、お父さんは親としての責任と義務を再確認したりするんだ。

父の日も母の日と同様、自分のお父さんやお舅(しゅうと)さんにカードやプレゼントを贈る日なんだけど、「お父さんみたいに大切に思っています」と書いたカードを日本人が送っても、タイ人はきっと喜ぶと思うよ。

それから、この項の文例も上司やお世話になった人へ感謝の気持ちを表すカードにも使えるので、参考にしてみてね。

クリスマス

★ よく使われる文例 ★

クリスマス、一緒過ごしたかったな
**วันคริสต์มาส
อยากให้คุณอยู่ด้วยที่นี่จัง**
（ここで一緒にいたい）

wan khrítsamâat
yàak hâi khun yùu dûay thîinîi caŋ

僕がサンタだったら
空中の星を集めてきみに届けます
**ถ้าผมเป็นซานต้า
จะเก็บดาวทั้งฟ้าไปให้คุณ**

thâa phŏm pen saantâa
cà kèp daaw tháŋ fáa pai hâi khun

望みがすべて叶いますように
หวังอะไรก็ขอให้สมหวัง

wăŋ arai kô khɔ̌ɔhâi sŏmwăŋ

ここから下の3つは、お正月や誕生日のカードにも使える文章。

夢が叶いますように
ขอให้ความใฝ่ฝันเป็นจริง
（夢が真実になりますように）

khɔ̌ɔhâi khwaamfàifăn pen ciŋ

みんなから愛される人になりますように
ขอให้เป็นที่รักของทุกคน

khɔ̌ɔhâi pen thîirák khɔ̌ɔŋ thúkkhon

運命の相手と出会い、
恋愛が成就しますように
ขอให้ได้เจอเนื้อคู่ และสมหวังในความรัก

khɔ̌ɔhâi dâi cəə nɯ́akhûu

lɛ́ sǒmwǎŋ nai khwaamrák

เนื้อคู่(nɯ́akhûu) は、前生からの因縁で今生で夫婦となることが運命づけられている男女のこと。前世、一緒に徳を積んだ男女が夫婦として結ばれ、積んできた徳がなくなると別れてしまうとも言い伝えられているの。ここでは「運命の相手」と訳してあります。

คริสต์มาส(khrítsamâat) は外来語だから、通常のタイ文字の読み方とは違います。

第2部 季節のグリーティングカード

クリスマス

Merry christmas
I have something for you

Merry Christmas!

เมอร์รี่คริสต์มาส

məərîi khrítsamâat

初級 表側

คริสต์มาส(khrítsamâat) は外来語だから、通常のタイ文字の読み方とは違います。

クリスマス

悪い事が去り
良いことだけが人生に舞い込んできますように

ขอให้สิ่งร้ายๆผ่านพ้นไป
และมีแต่สิ่งดีๆผ่านเข้ามาในชีวิต

khɔ̌ɔhâi sìŋ ráay ráay phàanphón pai
lɛ́ mii tɛ̀ɛ sìŋ dii dii phàan khâo maa nai chiiwít

初級 内側

みなさんが健康で
いつまでも幸運でありますように

ขอให้ทุกคนมีสุขภาพแข็งแรง
และประสบแต่โชคดีตลอดไป<u>ครับ</u>
(いつまでも幸運だけがありますように)

khɔ̌ɔhâi thúkkhon mii sùkkhaphâap khɛ̌ŋrɛɛŋ
lɛ́ prasòp tɛ̀ɛ chôokdii talɔ̀ɔt pai <u>khráp</u>

初級 内側

上の文章はブルーの下線部分を **ค่ะ** に替えれば女性が書いてもOKです。

第 2 部　季節のグリーティングカード

クリスマス

Happy Christmas!

สุขสันต์วันคริสต์มาส

sùksăn wankhrítsamâat

中級　表側

คริสต์มาส(khrítsamâat) は外来語だから、通常のタイ文字の読み方とは違います。

クリスマス

Message for You

もうそろそろ年末、まじめに勉強して
試験でよい点数がとれますように
よい子でいて
成功があなたのものになりますように

จะสิ้นปีแล้ว ขอให้ตั้งใจเรียน
สอบได้คะแนนดีๆ
เป็นเด็กดีของพ่อแม่
(お父さんとお母さんのよい子どもでいて)
ขอให้ความสำเร็จจงเป็นของหนูจ๊ะ

cà sînpii lɛ́ɛw, khɔ̌ɔhâi tâŋcai rian
sɔ̀ɔp dâi khanɛɛn dii dii
pen dèk dii khɔ̌ɔŋ phɔ̂ɔmɛ̂ɛ
khɔ̌ɔhâi khwaamsǎmrèt
coŋ pen khɔ̌ɔŋ nǔu câ

中級 内側

> **หนู**(nǔu) は文末につける語。本来は「ネズミ」と言う意味だけど、タイ人は小さな子どもや目下の人、同年代の人に親しみをこめて使います。

> 子どもは勉強することが一番大切と考えるタイ人は多いよ。だから子どもに送るカードにはよく、勉強のことを書くんだ。

第 2 部　季節のグリーティングカード

クリスマス

今年のクリスマスはさみしくない
だって　ぼくの心の中にはきみがいるから

คริสต์มาสปีนี้ไม่เหงา
เพราะมีคุณในใจผม

khrítsamâat piiníi mâi ŋǎo,
phrɔ́ mii khun nai cai phǒm

上級　表側

คริสต์มาส(khrítsamâat) は外来語だから、通常のタイ文字の読み方とは違います。

メリークリスマス
微笑みと幸福が
ずっとあなたとともにありますように
いつもあなたを愛する者より

เมอร์รี่คริสต์มาส
ขอให้รอยยิ้มและความสุข
จงอยู่กับคุณตลอดไป
จากคนที่รักคุณเสมอ

məərîi khrítsamâat
khɔ̌ɔhâi rɔɔyyím lɛ́ khwaamsùk
coŋ yùu kàp khun talɔ̀ɔt pai
càak khon thîi rák khun samə̌ə

第2部　季節のグリーティングカード

クリスマス

ごめんね、また遅れちゃった！

ขอโทษ สายอีกแล้ว

khɔ̌ɔthôot, sǎay ìik lɛ́ɛw

I'm sorry I am late again
Merry Christmas.

上級　表側

クリスマス

ごめんね
バンコクは渋滞しているので
サンタクロースがカードを届けるの、遅れちゃったみたい
メリークリスマス！

ขอโทษด้วยนะ
กรุงเทพรถติด
ซานตาคลอสก็เลยส่งการ์ดมาสาย
เมอร์รี่คริสต์มาสจ้ะ

khɔ̌ɔthôot dûay ná, kruŋthêep róttìt
saantaakhlɔ́ɔt kôləəy sòŋ káat maa sǎay
məərîi khrítsamâat câ

クリスマスの時期は郵便物が多くて、普段より届くのが遅くなることもあるみたい。日本からタイに住む恋人にカードを送る場合は早めに出したほうがいいよ。でも、もし遅れてしまったときにはこの文章を添えてみてね。ただし、恋人に送るときはくれぐれも遅れないように気をつけて！

★　ルールーのタイのおはなし　〜クリスマス〜　★

　イエス・キリストの生誕を祝うクリスマス。タイ人の多くは仏教徒だけれど、欧米文化が広まるのに伴ってクリスマスもお祝いするようになったんだ。キリスト教徒は少ないけれど、イベントとしてクリスマスを楽しむ日本と似ているね。

　地方のクリスマスは比較的静かだけど、バンコク市内のクリスマスシーズンはきれいなイルミネーションでとても華やか。きれいな飾りつけを取ってしまうのがもったいなくて、そのままお正月すぎまで飾っているお店もたくさんある。クリスマスの翌日には全部片付けてしまう日本とはずいぶん違うよね。

　もともとクリスマスも（1月の）お正月もタイの行事ではなかったから、タイ人はこの二つの行事の区切りをきっちりつけるということはあまりしない。グリーティングカードも「Merry Christmas & Happy New Year」と書いて送ることがよくあるんだ。クリスマス飾りが正月まで残ってしまうのも、そんな感覚からきてるのかもしれないね。

　タイ人にとってはクリスマスもお正月も友達みんなで集まり、わいわいとにぎやかに過ごすイベント。日本みたいに、「クリスマスは恋人同士、正月は家族で静かに過ごす」ということはないんだ。どちらかと言うと日本の新年会や忘年会のイメージかな。

　そうそう、タイは一年中暑い国だから、12月は普段よりいくらか涼しいとはいえ、クリスマスも暑い季節のイベント。タイで売られているクリスマスカードにも、欧米からの輸入もの以外には雪や雪ダルマの絵が書いてあるものがほとんどないんだ。日本人には、ちょっと違和感があるかもしれないね。

第3部

その他のカード

ありがとう
ごめんなさい
元気になってね
さようなら

※「愛してる」のについては、バレンタインデーの
　項を参照してください。

ありがとう

★ よく使われる文例 ★

僕にタイ語を教えてくれてありがとう
ขอบคุณที่ช่วยสอนภาษาไทยให้ผม
khɔ̀ɔpkhun thîi chûay sɔ̌ɔn phaasǎathai hâi phǒm

> 一番上と一番下の文章を女性が出すときには、ブルーの下線部分を **ฉัน** に替えてね。

通訳をしてくれてありがとう
ขอบคุณที่ช่วยเป็นล่ามให้
khɔ̀ɔpkhun thîi chûay pen lâam hâi

さみしい日に一緒にいてくれてありがとう
ขอบคุณที่อยู่ด้วยในวันเหงา
khɔ̀ɔpkhun thîi yùu dûay nai wan ŋǎo

温かい友情をどうもありがとう
ขอบคุณสำหรับมิตรภาพที่อบอุ่น
khɔ̀ɔpkhun sǎmràp míttaphâap thîi òpùn

タイ滞在中、いろいろとよくしてくれてありがとう
ขอบคุณที่ต้อนรับผมเป็นอย่างดีตอนอยู่เมืองไทย
khɔ̀ɔpkhun thîi tɔ̂ɔnráp phǒm pen yàaŋ dii tɔɔn yùu mwaŋthai

> **ต้อนรับ**(tɔ̂ɔnráp) は直訳すると「歓迎する」だけど、ここではよくしてくれると訳してあります。

ありがとう

どうもありがとう！

ขอบคุณมาก

khɔ̀ɔpkhun mâak

初級 表側

下のカードは、上と同じ文章を飾り文字で書いたものです。実際に手書きでこういう字を書くことはないけれど、タイのお友達から来るカードに使われていることもあるので参考にしてね。

ありがとう

どうもありがとう！

ขอบคุณมาก

khɔ̀ɔpkhun mâak

初級 表側

第3部　その他のカード

助けてくれてありがとう
すべてのことに感謝します

Thank You Very Much

ขอบคุณที่ช่วยเหลือ
และขอบคุณสำหรับทุกๆสิ่งครับ
（そして　すべてのことにありがとう）

khɔ̀ɔpkhun thîi chûaylɯ̌a
lɛ́ khɔ̀ɔpkhun sǎmlàp thúk thúk sìŋ khráp

初級　内側

ありがとう

わたしにタイ語を教えてくれたり
友達を紹介してくれたりしてありがとう

ขอบคุณที่ช่วยสอนภาษาไทย
และแนะนำเพื่อนๆให้ฉันค่ะ

khɔ̀ɔpkhun thîi chûay sɔ̌ɔn phaasǎathai
lɛ́ nɛ́nam phɯ̂an phɯ̂an hâi chǎn khâ

初級　内側

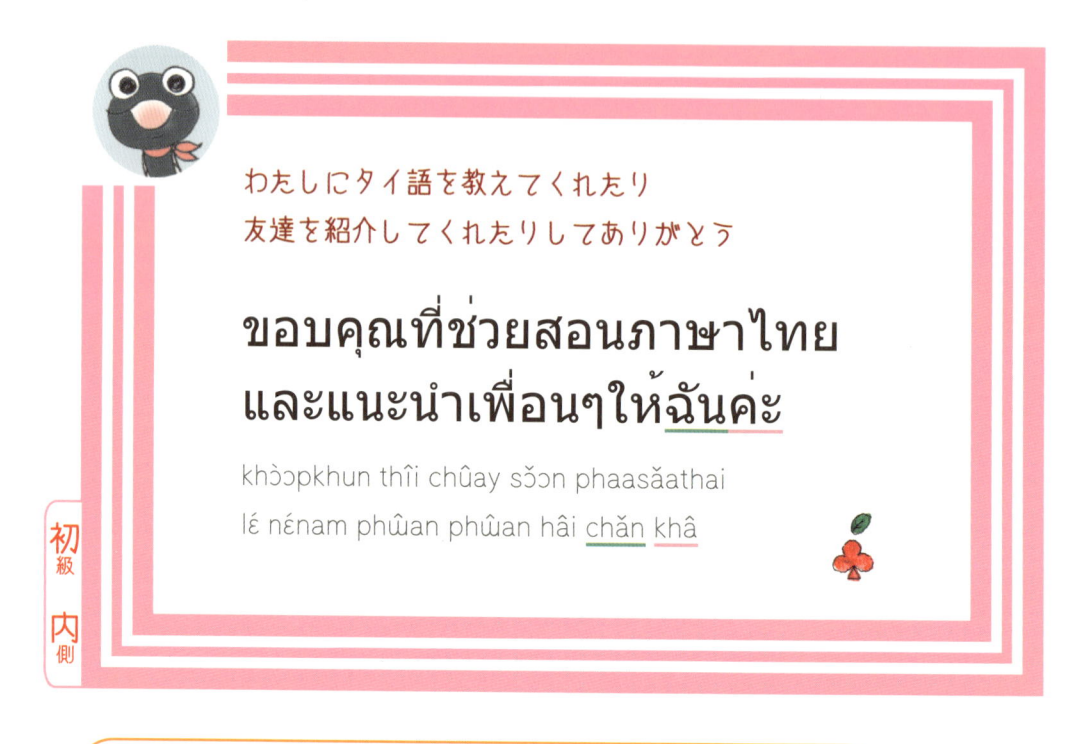

　上の文章を男性が書く場合はグリーンの下線部分を **ผม** に、ピンクの下線部分を **ครับ** に替えてね。

心から感謝しています

ขอบคุณจากใจจริง

khɔ̀ɔpkhun càak caiciŋ

いつも心配してくれてどうもありがとう
君のような気心の知れた友達がいてうれしいです
ขอบคุณมากที่คิดถึงและคอยห่วงใย
ดีใจที่มีคุณเป็นเพื่อนรู้ใจครับ

khɔ̀ɔpkhun mâak thîi khítthʉ̌ŋ lɛ́ khɔɔy hùaŋyai
diicai thîi mii khun pen phʉ̂an rúucai khráp

プレゼントを送ってくれてありがとう
すご～く気に入っています♬

ขอบคุณที่ส่งของมาให้ค่ะ
（物を送ってきてくれてありがとう）
ของที่ส่งมาถูกใจมากค่ะ
（送ってくれたものはとても気に入っています）

khɔ̀ɔpkhun thîi sòŋ khɔ̌ɔŋ maa hâi khâ
khɔ̌ɔŋ thîi sòŋ maa thùukcai mâak khâ

> 上の文章はそれぞれ、ブルーの下線を **ค่ะ** に替えると女性用に、ピンクの下線を **ครับ** に替えると男性用になります。

友情と
おいしいお料理と楽しい日々に感謝します
ぜったい忘れません　本当にどうもありがとう

ขอบคุณสำหรับมิตรภาพ
อาหารอร่อยๆและวันที่สนุกด้วยกัน
จะไม่ลืมเลย ขอบคุณจริงๆค่ะ

khɔ̀ɔpkhun sǎmràp míttaphâap
aahǎan arɔ̀y arɔ̀y lɛ́
wan thîi sanùk dûay kan
cà mâi lɯɯm ləəy, khɔ̀ɔpkhun ciŋ ciŋ khâ

Thank You Very Much

タイの文化を学ぶ機会やタイ人の生活に触れる機会、
タイ語を勉強する機会を与えてくださって
感謝しています
どうもありがとうございました

ขอบคุณที่ให้โอกาส
(機会をくれてありがとう)
ได้เรียนรู้วัฒนธรรมดีๆของไทย
　　(学ぶ)　　　(タイの文化)
ชีวิตความเป็นอยู่ของไทย
(タイの生活)
และภาษาไทยค่ะ
(そしてタイ語)
ขอบคุณมากค่ะ

khɔ̀ɔpkhun thîi hâi ookàat
dâi rianrúu wátthanátham
dii dii khɔ̌ɔŋ thai
chiiwít khwaampenyùu khɔ̌ɔŋ thai,
lɛ́ phaasǎathai khâ
khɔ̀ɔpkhun mâak khâ

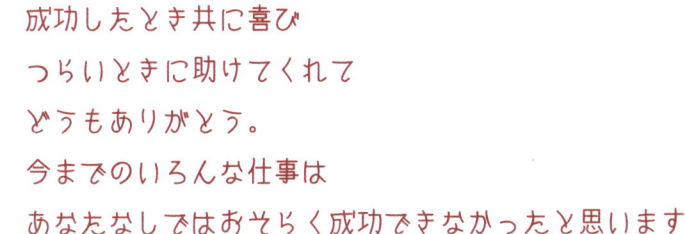

成功したとき共に喜び
つらいときに助けてくれて
どうもありがとう。
今までのいろんな仕事は
あなたなしではおそらく成功できなかったと思います

ขอบคุณที่ช่วยยามมีทุกข์
(ありがとう)　　(苦悩があるときに助けてくれて)
และร่วมสนุกยามสำเร็จ
　　(成功のときはともに楽しみ)
งานต่างๆที่ผ่านมา
คงไม่สำเร็จหากขาดคุณ

khɔ̀ɔpkhun thîi chûay yaam mii thúk
lɛ́ rûam sanùk yaam sǎmrèt
ŋaan tàaŋ tàaŋ thîi phàan maa
khoŋ mâi sǎmrèt hàak khàat khun

> **สนุก**(sanùk)の直訳は「楽しむ」だけど、ここでは喜ぶと訳したよ。それから**ยามมีทุกข์**(yaam mii thúk)は直訳すると「苦悩のあるとき」だけど、ここではつらいときと訳してみた。訳文の順序も、日本語として分かりやすいように変えてあるよ。

あなたがいてよかった

ดีใจที่มีคุณ

diicai thîi mii khun

仕事のご指導と
お力添え、どうもありがとうございます

ขอบคุณที่ช่วยสอนงาน
(仕事を教えてくれてありがとう)
และช่วยเหลือมาตลอดครับ
(それから　ずっと手助けしてくれて)

khɔ̀ɔpkhun thîi chûay sɔ̌ɔn ŋaan
lɛ́ chûaylɯ̌a maa talɔ̀ɔt khráp

上級　内側

意見交換ができたこと
あなたという仕事のパートナーを得たことをうれしく思います

ดีใจที่มีโอกาสได้แลกเปลี่ยนความเห็น
(意見交換の機会が持ててうれしいです)
และมีคุณเป็นเพื่อนร่วมงานค่ะ

diicai thîi mii ookàat dâi lɛ̂ɛkpliàn khwaamhěn
lɛ́ mii khun pen phɯ̂anrûamŋaan khâ

上級　内側

ありがとう

> 上の文章はそれぞれ、ブルーの下線を **ค่ะ** に替えると女性用に、ピンクの下線を **ครับ** に替えると男性用になります。

第３部　その他のカード

心配してくれて　どうもありがとう

ขอบคุณที่คอยห่วงใย

khɔ̀ɔpkhun thîi khɔɔy hùaŋyai

ありがとう

上級　表側

112

病に倒れたとき看病し
病院へ連れて行ってくれて　どうもありがとう

ขอบคุณที่ช่วยพาไปหาหมอ
(医者へ連れて行ってくれてありがとう)
และช่วยเฝ้าไข้ตอนล้มป่วย
(そして　病気で倒れたとき看病してくれて)

khɔ̀ɔpkhun thîi chûay phaa pai hăa mɔ̆ɔ
lɛ́ chûay fâokhâi tɔɔn lómpùay

ごめんなさい

★ よく使われる文例 ★

怒らせちゃってごめんなさい
ขอโทษที่ทำให้โกรธ
khɔ̌ɔthôot thîi thamhâi kròot

手伝わなくてごめんなさい
ขอโทษที่ไม่ได้ช่วย
khɔ̌ɔthôot thîi mâi dâi chûay

悪い性格を直します
ผมจะเปลี่ยนนิสัยที่ไม่ดี
phǒm cà plìan nísǎi thîi mâi dii

いやな気分にさせちゃってごめんなさい
ขอโทษที่ทำให้เสียความรู้สึก
khɔ̌ɔthôot thîi thamhâi sǐa khwaamrúusɯ̀k

一人だけ苦労させてごめんなさい
ขอโทษที่ทำให้ลำบากอยู่คนเดียว
khɔ̌ɔthôot thîi thamhâi lambàak yùu khondiaw

すねないで、仲直りしようよ
อย่างอนเลยนะ มาดีกันดีกว่า
（仲直りしたほうがいい）
yàa ŋɔn ləəy ná, maa dii kan dii kwàa

ごめんなさい

ごめんなさい

ขอโทษ

khɔ̌ɔthôot

下のカードは、上と同じ文章を飾り文字で書いたものよ。実際に手書きでこういう字を書くことはないけれど、タイのお友達から来るカードに使われていることもあるので参考にしてね。

ごめんなさい

ขอโทษ

khɔ̌ɔthôot

第3部 その他のカード

次回は気をつけると約束します
そしてもうあなたを悲しませたりしません

Please forgive me

ผมสัญญาว่าครั้งหน้าจะระวัง
และจะไม่ทำให้คุณเสียใจอีกครับ

phǒm sǎnyaa wâa khráŋnâa cà rawaŋ
lɛ́ cà mâi thamhâi khun sǐacai ìik khráp

初級 内側

> 上の文章を女性が書く場合はグリーンの下線部分を **ฉัน** に、ブルーの下線部分を **ค่ะ** に替えてね。
> それから下の文章を男性が書く場合は、ピンクの下線部分を **ครับ** に替えてね。

ごめんなさい

許してもらえますか
わざとしたことではないのです

ยกโทษให้ด้วยได้ไหมคะ
ทำไปโดยไม่ได้ตั้งใจจริงๆค่ะ
（故意にしたことでは本当にないのです）
yókthôot hâi dûay dâi mái khá
tham pai dooy mâi dâi tâŋcai ciŋ ciŋ khâ

初級 内側

ごめんなさい

I'm sorry

もう一度チャンスをくれませんか

ขอโอกาสอีกครั้งได้ไหม

khɔ̌ɔ ookàat ìik khráŋ dâi mái

第3部　その他のカード

浮気してごめん
僕が惡かったんだ
すべてを昔にもどして
もう一度やり直せないかな
許してください

ผมขอโทษที่นอกใจคุณ
ผมรู้สึกผิด อยากให้ทุกอย่าง
กลับมาเป็นเหมือนเดิม
มาเริ่มต้นกันใหม่ได้ไหม
อภัยให้ผมด้วย

phǒm khɔ̌ɔthôot thîi nɔ̂ɔkcai khun
phǒm rúusʉ̀k phìt, yàak hâi thúk yàaŋ
klàp maa pen mǔan dəəm
maa râəmtôn kan mài dâi mái
aphai hâi phǒm dûay

ごめんなさい　初級　内側

ブルーの下線を **ฉัน** に替えれば女性が出してもOK（だけど、このカードは男女とも出さずにすむに越したことはないわよね！）

浮気してしまったらとにかく謝ったほうがいいよ！できたらカードに花束やプレゼントもつけて。タイの女の子はすごく怒っているだろうから。もちろん、恋人に浮気されて怒るのは全世界共通だけど。

ごめんなさい

反省しています

สำนึกผิดแล้ว

Please forgive me.

sǎmnɯ́k phìt lɛ́ɛw

第3部　その他のカード

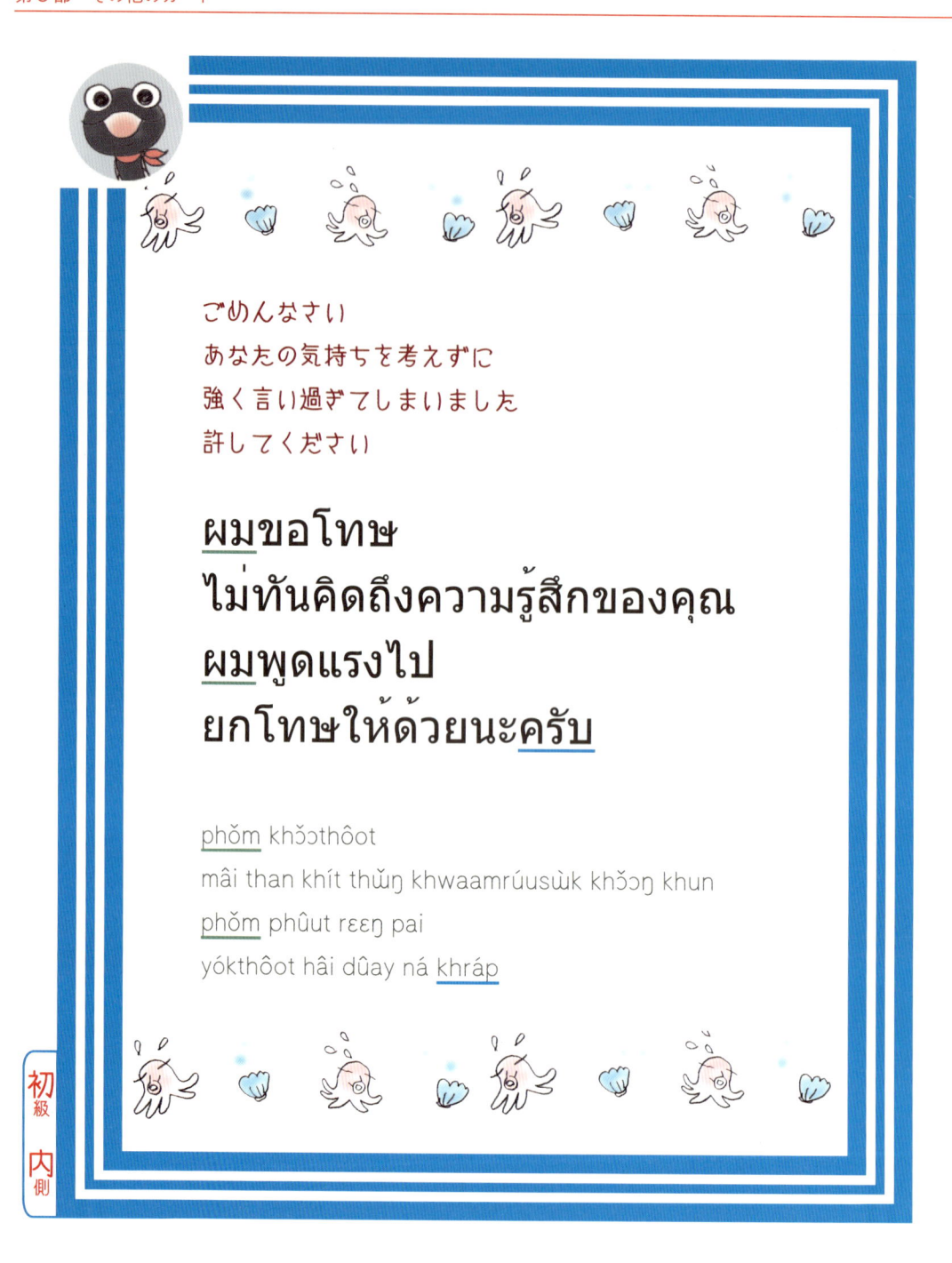

ごめんなさい
あなたの気持ちを考えずに
強く言い過ぎてしまいました
許してください

**ผมขอโทษ
ไม่ทันคิดถึงความรู้สึกของคุณ
ผมพูดแรงไป
ยกโทษให้ด้วยนะครับ**

phǒm khɔ̌ɔthôot
mâi than khít thʉ̌ŋ khwaamrúusʉ̀k khɔ̌ɔŋ khun
phǒm phûut rɛɛŋ pai
yókthôot hâi dûay ná khráp

> グリーンの下線を **ฉัน** に、ブルーの下線を **ค่ะ** に替えれば女性が書いてもOK。

元気になってね

★ よく使われる文例 ★

早く治りますように
ขอให้หายเร็วๆนะ
khɔ̌ɔhâi hǎay rew rew ná

がんばれ　がんばれ　がんばれ　病気なんかに負けないで
สู้ๆๆ อย่ายอมแพ้โรคร้าย
sûu sûu sûu, yàa yɔɔm phɛ́ɛ rôok ráay

規則正しい時間に食事をしてね
ทานอาหารให้เป็นเวลานะ
thaan aahǎan hâi pen weelaa ná

お酒とタバコをやめてね
งดเหล้าและบุหรี่ด้วยนะ
ŋót lâo lɛ bùlìi dûay ná

早く以前のように元気になりますように
ขอให้แข็งแรงเหมือนเดิมในเร็ววัน
khɔ̌ɔhâi khɛ̌ŋrɛɛŋ mǔandəəm nai rew wan

みんなあなたが戻ってくるのを待っています
ทุกคนรอการกลับมาของคุณอยู่
thúkkhon rɔɔ kaanklàpmaa khɔ̌ɔŋ khun yùu

日々回復なさいますようお祈り申し上げます
ขอภาวนาให้หายวันหายคืน
khɔ̌ɔ phaawanaa hâi haay wan haay khɯɯn

第3部　その他のカード

早く治してね

หายเร็วๆนะ

hǎay rew rew ná

Get well soon.

元気になってね

初級　表側

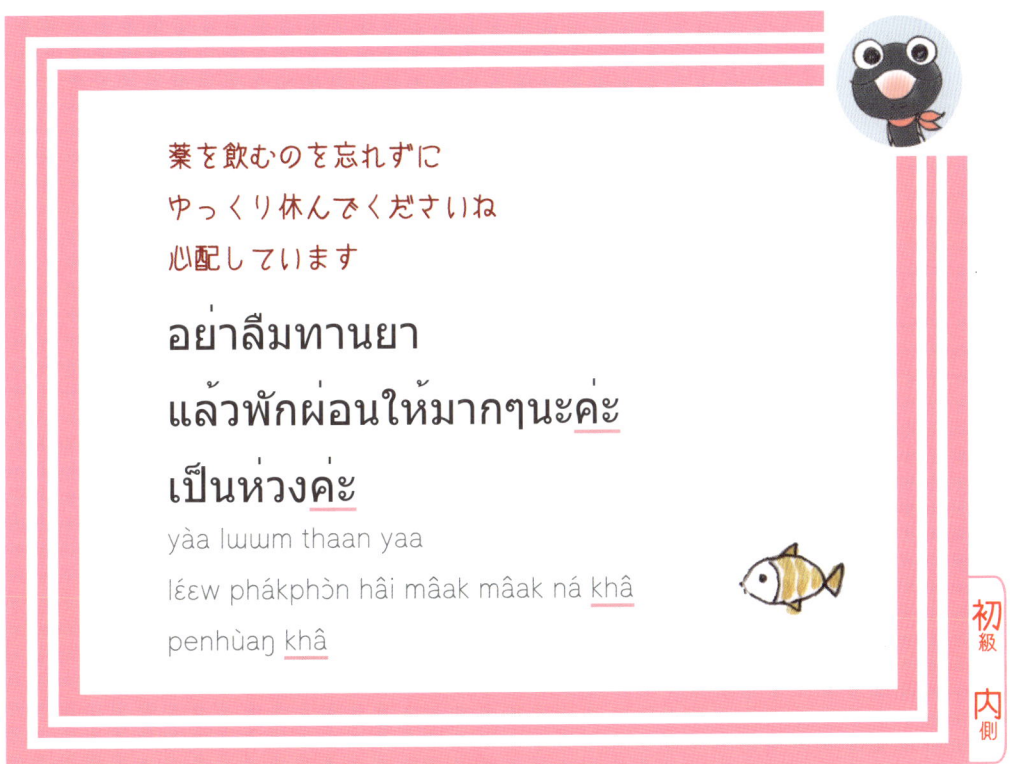

具合が悪いとうかがいました
ご病気が早く治りますようにお祈りいたします

ได้ยินมาว่าไม่สบายหรือครับ
ขอให้หายป่วยเร็วๆนะครับ

dâi yin maa wâa mâi sabaay rɯ̌ɯ khráp
khɔ̌ɔhâi hǎay pùay rew rew ná khráp

薬を飲むのを忘れずに
ゆっくり休んでくださいね
心配しています

อย่าลืมทานยา
แล้วพักผ่อนให้มากๆนะค่ะ
เป็นห่วงค่ะ

yàa lɯɯm thaan yaa
lɛ́ɛw phákphɔ̀n hâi mâak mâak ná khâ
penhùaŋ khâ

第3部　その他のカード

心配していますよ

เป็นห่วงนะ

penhùaŋ ná

中級　表側

元気になってね

> 　友達や家族が病気になったとき、タイ人はこまめにお見舞いに行くよ。病気のとき一人で寝ているのは淋しいからね。同じ理由で、病院へ行くときにも家族全員がついていったりもする。患者1人に家族7〜8人が付き添っていることもあるよ。もし機会があったら、タイの病院の待合室を観察してみてね。

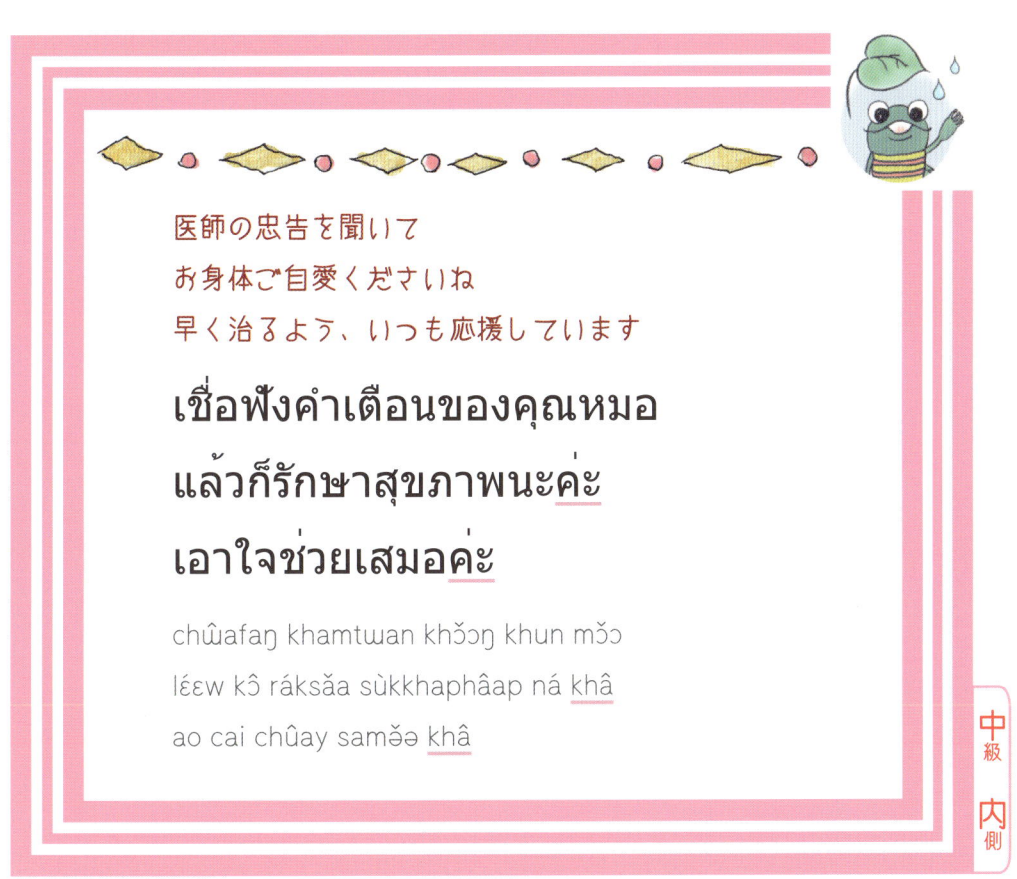

早く治して
また遊びに行きましょう

**ขอให้หายไวๆนะครับ
จะได้ไปเที่ยวกันอีก**

khɔ̌ɔhâi hǎay wai wai ná khráp
cà dâi pai thîaw kan ìik

医師の忠告を聞いて
お身体ご自愛くださいね
早く治るよう、いつも応援しています

**เชื่อฟังคำเตือนของคุณหมอ
แล้วก็รักษาสุขภาพนะค่ะ
เอาใจช่วยเสมอค่ะ**

chɯ̂afaŋ khamtɯan khɔ̌ɔŋ khun mɔ̌ɔ
lɛ́ɛw kɔ̂ ráksǎa sùkkhaphâap ná khâ
ao cai chûay samɘ̌ə khâ

さようなら

★ よく使われる文例 ★

無事ご帰国されますように
ขอให้กลับประเทศโดยปลอดภัย
khɔ̌ɔhâi klàp pràthêet dooy plɔ̀ɔtphay

本当はあなたを行かせたくない
จริงๆแล้วไม่อยากให้เธอจากไป
ciŋ ciŋ lɛ́ɛw, mâi yàak hâi thəə càak pai

日本に帰ったら みんなのことがすごく懐かしくなるだろうな
กลับประเทศญี่ปุ่นแล้วคงคิดถึงทุกคนมาก
klàp pràthêet yîipùn lɛ́ɛw khoŋ khítthʉ̌ŋ thúkkhon mâak

いい思い出をいつまでもとっておきます
เราจะขอเก็บความทรงจำดีๆไว้ตลอดไป
rao cà khɔ̌ɔ kèp khwaamsoŋcam dii dii wái talɔ̀ɔt pai

自分のこともちゃんとケアしてね、心配です
ดูแลตัวเองดีๆนะ เป็นห่วง
（自分の面倒をよく見てね）
duulɛɛ tuaeeŋ dii dii ná, penhùaŋ

みなさんの幸運を祈ります
ขอให้ทุกคนโชคดี
khɔ̌ɔhâi thúkkhon chôokdii

さよなら

ซาโยนาระ

Don't forget to write me the letter.

saayoonaará

第3部　その他のカード

たとえ遠くに離れいても
わたしたちはいつだって友達だよ

ถึงจะอยู่ห่างไกลกัน
แต่เราก็ยังเป็นเพื่อนกันเสมอนะจ๊ะ

tʉ̌ŋ cà yùu hàaŋ klai kan
tɛ̀ɛ rao kɔ̂ yaŋ pen phʉ̂an kan samə̌ə na cá

初級　内側

> 下の文章を個人で書く場合は、グリーンの下線部分を
> 女性なら **ฉัน**、男性なら **ผม** に替えてね。

わたしたちのこと
手紙を書くこと、どっちも忘れないでね！
อย่าลืมเรานะ
（わたしたちを忘れないで）
แล้วก็อย่าลืมเขียนจดหมายมานะ
（それから手紙を書くのを忘れないで）
yàa lʉʉm rao ná
lɛ́ɛw kɔ̂ yàa lʉʉm khǐan còtmǎay maa ná

さようなら

初級　内側

行ってしまっても
お互い忘れないようにしようね！

ไปแล้วอย่าลืมกันนะ

pai lɛ́ɛw yàa luɯm kan ná

バイバイ あなたが行ってしまったらさみしくなるだろうな。
たとえ遠くにいても
この友達が常に応援していることを
忘れないでね

บ๊ายบาย เราคงเหงาถ้าเธอจากไป
ถึงไกลกัน
ก็อย่าลืมว่ายังมีเพื่อนคนนี้
(この友達がいるのを忘れないで)
คอยเป็นกำลังใจให้เสมอนะ

báay baay, rao khoŋ ŋǎo thâa thəə càak pai
thǔŋ klay kan
kɔ̂ yàa lɯɯm wâa yaŋ mii phɯ̂an khonníi
khɔɔy pen kamlaŋcai hâi samə̌ə ná

さようなら、でも永遠ってわけじゃないよ

ลาก่อนแต่ไม่ใช่ลาจาก

Bon royage

laakɔ̀ɔn tɛ̀ɛ mâi châi laacàak

第3部　その他のカード

一緒に過ごした時間は
驚くほど早く過ぎていったね
さようなら　でも、永遠ってわけじゃないよ
幸運を祈ってます
わたしたちの友情が永遠に続きますように

เวลาที่เราใช้ร่วมกัน
ช่างผ่านไปเร็วจนน่าตกใจ
ลาก่อนนะค่ะแต่ไม่ใช่ลาจาก
ขอให้โชคดีและขอให้ความผูกพัน
ของพวกเราคงอยู่ตลอดไปค่ะ

weelaa thîi rao chái rûam kan
châŋ phàan pai rew con nâa tòkcai
laakɔ̀ɔn ná khâ tɛ̀ɛ mâi châi laacàak
khɔ̌ɔhâi chôokdii lɛ́ khɔ̌ɔhâi khwaamphùukphan
khɔ̌ɔŋ phûakrao khoŋ yùu talɔ̀ɔt pai khâ

中級　内側

さようなら

ピンクの下線を **ครับ** に替えれば男性が書いても OK。

ความผูกพัน(khwaamphùukphan) は直訳すると「結びつき、絆」だけど、ここでは友情と訳してあります。

微笑みつつ別れましょう

ขอให้จากกันด้วยรอยยิ้ม

khɔ̌ɔhâi càak kan dûay rɔɔyyím

第3部　その他のカード

みなさんと知り合えてうれしかったです
日本にお越しになる機会がありましたら
忘れずに連絡してくださいね
さようなら、幸運を祈ります

ผมดีใจที่ได้รู้จักกับทุกคน
ถ้ามีโอกาสมาญี่ปุ่น
ก็อย่าลืมติดต่อมานะครับ
（連絡するのを忘れないでください）
ลาก่อนครับ ขอให้ทุกคนโชคดีครับ
（みなさんの幸運を祈ります）

phǒm diicai thîi dâi rúucàk kàp thúkkhon
thâa mii ookàat maa yîipùn
kɔ̂ yàa lɯɯm tìttɔ̀ɔ maa ná khráp
laakɔ̀ɔn khráp, khɔ̌ɔhâi thúkkhon chôokdii khráp

Don't forget to write me the letter!!

上級　内側

さようなら

上の文章を女性が書く場合はグリーンの下線部分を **ฉัน** に、ブルーの下線部分を **ค่ะ** に替えてね。

単語集

　本書に出てきた単語で、カードによく使われるものをあいうえお順に並べました。

　※人称代名詞と文末につける語は9ページを参照してください。

日本語	タイ語	発音記号
～以上に、～より	กว่า ～	kwàa ～
～から（場所）	จาก ～	càak ～
～ください、～を乞う	ขอ ～	khɔ̌ɔ ～
～させる	ให้ ～	hâi ～
～したい	อยาก ～	yàak ～
～しないでください	อย่า ～	yàa ～
	อย่า ～ เลย	yàa ～ ləəy
～しなかった	ไม่ได้ ～	mâi dâi ～
～しましょう	～ ก็แล้วกัน	～ kɔ̂ lɛ́ɛw kan
～周年	ครบรอบ	khróprɔ̂ɔp
～じゅうの	ทั้ง ～	tháŋ ～
～しようとする	กำลังจะ ～	kamlaŋ cà ～
～しようと待つ	คอย ～	khɔɔy ～
～しようよ	～ เถอะ	～ thə̀
～すればするほど	ยิ่ง ～	yîŋ ～
～せぬうちに	ไม่ทัน	mâi than ～
～だけ	แต่ ～	tɛ̀ɛ ～
～対（類別詞）	～ คู่	～ khûu
～と言う	บอกว่า ～	bɔ̀ɔk wâa ～
～でありますように	จง ～	cɔŋ ～
～と聞いた	ได้ยินมาว่า ～	dâiyin maa wâa ～
～に愛される	เป็นที่รักของ ～	pen thîirák khɔ̌ɔŋ ～
～に連れて行く	พาไปหา ～	phaa pai hǎa ～
～になりたい	อยากให้ ～	yàak hâi ～
～になりますように	ขอภาวนาให้ ～	khɔ̌ɔ phaawanaa hâi ～
	ขอให้ ～	khɔ̌ɔhâi ～
～に認められる	เปนที่ยอมรับ	pen thîi yɔɔmráp
～ね（強調）	～ จัง	～ caŋ
～の間	ระหว่าง ～	ráwàaŋ ～
～の機会に	เนื่องในโอกาส ～	nûaŋnai ookàat ～
～のとき	ยาม ～	yaam ～
～のみに出会う	จงประสบแต่ ～	cɔŋ prasòp tɛ̀ɛ ～

単語集

～倍	～ เท่า	～ thâo
～べきではない	ไม่น่า	mâi nâa
～まで	จน ～	con ～
～を望む	หวังดี	wǎŋdii
あー（感嘆詞）	อ๋อ	ɔ̌ɔ
愛する	รัก	rák
愛する人	ที่รัก	thîirák
会う	เจอ	cəə
赤ちゃん	ทารก	thaarók
灯り	แสงสว่าง	sɛ̌ɛŋsawàaŋ
明るい性格	นิสัยร่าเริง	nísǎy râarəəŋ
明るい未来	อนาคตที่สดใส	anaakhót thîi sòtsǎi
あこがれる	ใฝ่ฝัน	fàifǎn
遊びに行く	ไปเที่ยว	pai thîaw
温かい	อบอุ่น	òpùn
アドバイス	คำแนะนำ	khamnɛ́nam
	คำปรึกษา	khamprɯ̀ksǎa
アドバイスする	ชี้แนะ	chíinɛ́
表す、表現する、見せる	แสดง	sadɛɛŋ
ありがとう	ขอบคุณ	khɔ̀ɔpkhun
安全	ปลอดภัย	plɔ̀ɔtphay
いい匂い、香り	หอม	hɔ̌ɔm
いうことを聞く	เชื่อฟัง	chɯ̂afaŋ
いくら	เท่าใด	thâodai
一度くらい	สักครั้ง	sàk khráŋ
一番	ที่หนึ่ง	thîinɯ̀ŋ
	ที่สุด	thîisùt
一流の	ชั้นดี	chándii
一緒にいる	อยู่ด้วย	yùu dûay
いつも	เสมอ	samə̌ə
意図的にしていない	โดยไม่ได้ตั้งใจ	dooy mâi dâi tâŋcai
祈る	ภาวนา	phaawanaa
威力、力、権力	อำนาจ	amnâat
美しい、きれいな	สวย	sǔay
生まれる	เกิด	kə̀ət
うれしい	ดีใจ	diicai
浮気する	นอกใจ	nɔ̂ɔkcai
運	โชค	chôok
運命の相手	เนื้อคู่	nɯ́akhûu
永遠に	ตลอดไป	talɔ̀ɔt pai

永遠の	คงอยู่ตลอดไป	khoŋ yùu talɔ̀ɔt pai
応援する	เอาใจช่วย	ao cai chûay
	เป็นกำลังใจให้	pen kamlaŋcai hâi
	ให้กำลังใจ	hâi kamlaŋcai
大金持ちの	ร่ำรวย	râmruay
送る	ส่ง	sòŋ
行なう	กระทำ	kràtham
怒る、叱る	โกรธ	klòot
教え	คำสั่งสอน	khamsàŋsɔ̌ɔn
おちびちゃん	เจ้าตัวเล็ก	câotualék
	ลูกน้อย	lûuknɔ́ɔy
	หนูน้อย	nǔu nɔ́ɔy
おめでとう	ดีใจด้วย	diicai dûay
	ขอแสดงความยินดีด้วย	khɔ̌ɔ sadɛɛŋ khwaam yindii dûay
	ยินดีด้วย	yindii dûay
思い切り楽しむ	สนุกสุดเหวี่ยง	sanùk sùtwìaŋ
思い出	ความทรงจำ	khwaamsoŋcam
カード	การ์ด	káat
輝かしい未来	อนาคตที่สดใส	anaakhót thîi sòtsǎi
確信する	เชื่อมั่น	chŵamân
賢い	ฉลาด	chalàat
家族	ครอบครัว	khrɔ̂ɔpkhrua
片想い、ひそかに好き	แอบชอบ	ɛ̀ɛp chɔ̂ɔp
悲しい、残念な	เสียใจ	sǐacai
神の力で~する	จงดลบันดาลให้ ~	coŋ donbandaan hâi ~
がむしゃらにやる、無理する	หักโหม	hàkhǒom
かわいい	น่ารัก	nâarák
かわいがる	เชยชม	chəəychom
感覚、感情	ความรู้สึก	khwaamrúusɯ̀k
関係、交流	ความสัมพันธ์	khwaamsǎmphan
歓迎する	ต้อนรับ	tɔ̂ɔnráp
頑丈な	แข็งแรง	khɛ̌ŋrɛɛŋ
感じる	รู้สึก	rúusɯ̀k
看病する	เฝ้าไข้	fâokhâi
絆	ความผูกพัน	khwaamphùukphan
奇跡	ปาฏิหาริย์	paatìhǎan
気に入る	ถูกใจ	thùukcai
気にかける	ห่วงใย	hùaŋyai
気分を害する	เสียความรู้สึก	sǐa khwaamrúusɯ̀k
休憩する、休息する	พักผ่อน	phákphɔ̀n

単語集

金の杖	ไม้เท้ายอดทอง	máitháao yôot thɔɔŋ
勤勉な	ขยัน	khayǎn
具合が悪い	ไม่สบาย	mâi sabaay
クリスマス	คริสต์มาส	khrítsamâat
薫陶する、陶冶する	อบรม	òprom
経過する	ผ่านพ้น	phàanphón
結婚	วิวาห์	wíwaa
	การแต่งงาน	kaantèŋŋaan
結婚する	แต่งงาน	tèŋŋaan
結婚生活	ชีวิตคู่	chiiwítkhûu
結婚式の日	วันวิวาห์	wanwíwaa
喧嘩する	ทะเลาะกัน	thálɔ́ kan
健康状態	สุขภาพ	sùkkhaphâap
恋しい	คิดถึง	khítthǔŋ
恋人、ファン	แฟน	fɛɛn
幸運	โชคดี	chôokdii
	โชคลาภ	chôoklâap
降参する	ยอมแพ้	yɔɔmphέε
心の中	ในใจ	nai cai
心を許した相手	คู่ใจ	khûucai
子育てする	เลี้ยงลูก	líaŋ lûuk
国家	ประเทศ	pràthêet
今年	ปีนี้	piiníi
困る	ลำบากใจ	lambàak cai
ごめんなさい	ขอโทษ	khɔ̌ɔthôot
こんにちは（挨拶全般）	สวัสดี	sawàtdii
こん棒	กระบอง	krabɔɔŋ
混乱する	สับสน	sàpsǒn
最愛の	สุดที่รัก	sùt thîi rák
最後	ที่สุด	thîisùt
寂しい	เหงา	ŋǎo
さようなら	ลาก่อน	laakɔ̀ɔn
さらに	ยิ่งขึ้น	yîŋ khûn
さらば（文語）	ลาจาก	laa càak
去る	จากไป	càak pai
サンタクロース	ซานต้า	saantâa
残念だ	เสียใจ	sǐacai
三宝	คุณพระศรีรัตนตรัย	khunprásǐiráttanátray
幸せ	ความสุข	khwaamsùk
	สุขสันต์	sùksǎn
幸せな (精神)	สุขใจ	sùkcai

幸せな(肉体)	สุขกาย	sùkkaay
自我を通す	ดื้อดึง	dûɯdɯŋ
時間を費やす	ใช้เวลา	chái weelaa
試験に受かる	สอบได้	sɔ̀ɔpdâai
試験をする	สอบ	sɔ̀ɔp
子孫	ลูกหลาน	lûuklǎan
実現する	เป็นจริง	pen ciŋ
自慢する	อวด	ùat
祝福	พร	phɔɔn
祝福する	อวยพร	uayphɔɔn
紹介する	แนะนำ	nénam
正月	วันขึ้นปีใหม่	wan khûn piimài
	วันปีใหม่	wan piimài
昇進する	เลื่อนขั้น	lɯ̂an khân
上手な	เก่ง	kèŋ
商売をする(文語)	ทำมาค้าขาย	thammaa kháakhǎay
丈夫な	แข็งแรง	khěŋrɛɛŋ
証明する	พิสูจน์	phísùut
将来、未来	อนาคต	anaakhót
新居	บ้านใหม่	bâanmài
人生	ชีวิต	chiiwít
神聖なるもの	สิ่งศักดิ์สิทธิ์	sìŋsàksìt
心臓、心	หัวใจ	hǔacai
新年	ปีใหม่	piimài
心配する	ห่วงใย	hùaŋyai
	เป็นห่วง	penhùaŋ
進歩する	เจริญก้าวหน้า	carəən kâawnâa
	ก้าวหน้า	kâawnâa
信用する、信頼する	ไว้วางใจ	wáiwaaŋcai
	ไว้ใจ	wáicai
過ぎ去る	ผ่านไป	phàan pai
すっきりした	สดใส	sòtsǎi
ずっと、いつまでも	ตลอด	talɔ̀ɔt
すねる、むくれる、へそを曲げる	งอน	ŋɔɔn
すべて	ทุกสิ่ง	thúksìŋ
すべての	ทั้งหลาย	tháŋlǎay
	ทั้งมวล	tháŋmuan
	ทั้งปวง	tháŋpuaŋ
すべてのこと	ทุกประการ	thúk prakaan
	ทุกอย่าง	thúk yàaŋ

単語集

性格	นิสัย	nísǎy
生活	ชีวิต	chiiwít
	ความเป็นอยู่	khwaampenyùu
成功する	สำเร็จ	sǎmrèt
精神力	กำลังใจ	kamlaŋcai
生命	ชีวิต	chiiwít
前進する	ก้าวหน้า	kâawnâa
前方の	ข้างหน้า	khâaŋnâa
全力の	สุดเหวี่ยง	sùtwìaŋ
遭遇する	ประสบ	pràsòp
相談する	ปรึกษา	prɯ̀ksǎa
育てやすい	เลี้ยงง่าย	líaŋ ŋâay
育てる、飼う、おごる（食事など）	เลี้ยง	líaŋ
卒業する	เรียนจบ	rian còp
そば（距離）	เคียงข้าง	khiaŋkhâaŋ
祖母（母方）	คุณยาย	khunyaay
尊敬する、敬う	เคารพ	khaoróp
	เคารพนับถือ	khaoróp nápthɯ̌ɯ
	นับถือ	nápthɯ̌ɯ
大切な宝物	สมบัติอันมีค่า	sǒmbàt an miikhâa
大事にする、大切にする	ทะนุถนอม	thanúthanɔ̌ɔm
	ถนอม	thanɔ̌ɔm
ダイヤモンドのこん棒	ไม้เท้ายอดเพชร	krabɔɔŋ yɔ̂ɔt phét
宝物、財産	สมบัติ	sǒmbàt
助ける	ช่วยเหลือ	chûaylɯ̌a
戦う	สู้	sûu
団結	ความสามัคคี	sǎamákkhii
団結する	สามัคคี	khwaamsǎamákkhii
誕生日	วันเกิด	wankə̀ət
地上	บนดิน	bon din
ついに	ในที่สุด	nai thîi sùt
ついに～する	ซะที	sáthii
杖	ไม้เท้า	máitháao
罪を感じる	รู้สึกผิด	rúusɯ̀kphìt
強すぎる	แรงไป	rɛɛŋ pai
手紙	จดหมาย	còtmǎay
手本	แบบอย่าง	bɛ̀ɛpyàaŋ
照らす	ส่อง	sɔ̀ŋ
天国	สวรรค์	sawǎn
点数	คะแนน	khanɛɛn
どうぞ～ますように	ขอให้	khɔ̌ɔ hâi

到達する	ถึง	thǔŋ
同僚	เพื่อนร่วมงาน	phûan rûam ŋaan
特別な日	วันพิเศษ	wanphísèet
努力	ความพยายาม	khwaamphayayaam
治る（病気）	หาย	hǎay
長生きして幸福に	อายุมั่นขวัญยืน	aayú mân khwǎn yɯɯn
長生きする	อายุยืน	aayú yɯɯn
長生きする、永続する	ยั่งยืน	yâŋyɯɯn
なくなる（物）	หาย	hǎay
願いどおりに	ดังสมปรารถนา	dàŋ sǒmpràatthanǎa
願いどおりになる	สมปรารถนา	sǒm pràatthanǎa
願いをかなえる	ดลบันดาล	donbandaan
熱心にする	เอาใจใส่	ao cai sài
年末	สิ้นปี	sînpii
年齢	อายุ	aayú
逃れる	รอดพ้น	rɔ̂ɔtphón
望みがかなう	สมหวัง	sǒmwǎŋ
望む	ใฝ่ฝัน	fàifǎn
	หวัง	wǎŋ
バイバイ	บ๊ายบาย	báay baay
はじまり	จุดเริ่มต้น	cùtrə̂əmtôn
はしゃぐ	ร่าเริง	râarəəŋ
早い、速い	ไว	wai
早く育つ	โตไวๆ	too wai wai
バレンタインデー	วันวาเลนไทม์	wan walenthai
繁栄する、発展する	เจริญรุ่งเรือง	carəən rûŋrɯaŋ
ハンサム	หล่อ	lɔ̀ɔ
反省する	สำนึกผิด	sǎmnɯ́k phìt
ヒーロー	ฮีโร่	hiirôo
日に日に大きくなる	โตวันโตคืน	too wan too khɯɯn
日に日によくなる（病気）	หายวันหายคืน	hǎay wan hǎay khɯɯn
病気	ไม่สบาย	mâi sabaay
	โรค	rôok
	โรคภัยไข้เจ็บ	rôok phay khâi cèp
病気（重い）	โรคร้าย	rôokráay
病気が治る	หายป่วย	hǎay pùay
病気になる	ล้มป่วย	lómpùay
	ป่วย	pùay
昼も夜も	ทั้งวันทั้งคืน	tháŋ wan tháŋ khɯɯn
不運	โชคร้าย	chôokráay

単語集

再び	อีกแล้ว	ìik lɛ́ɛw
ふるまう	ทำตัว	tham tua
触れる	สัมผัส	sǎmphàt
文化	วัฒนธรรม	wátthanátham
平穏無事	สวัสดิภาพ	sawàtdìphâap
誇りに思う	ภูมิใจ	phuumcai
菩提樹の木蔭・ガジュマルの木蔭	ร่มโพธิ์ร่มไทร	rôm phoo rôm sai
ほほえみを浮かべる	รอยยิ้ม	rɔɔyyím
ほほえむ	ยิ้ม	yím
本心	ใจจริง	cai ciŋ
まじめに勉強する	ขยันเรียน	khayǎn rian
また会いましょう	เจอกันใหม่	cəə kan mài
守る	คุ้มครอง	khúmkhrɔɔŋ
まろやかな	กลมกล่อม	klomklɔ̀m
周りの人	คนรอบข้าง	khonrɔ̂ɔpkhâaŋ
道を照らす	ส่องทาง	sɔ̀ŋthaaŋ
魅力	เสน่ห์	sanèe
面倒を見る	ดูแล	duulɛɛ
もう一歩	อีกก้าวหนึ่ง	ìik kâaw nɯ̀ŋ
もしできるなら、可能であれば	ถ้าเป็นไปได้	thâa pen pai dâi
持つ	ถือ	thɯ̌ɯ
元どおり	เหมือนเดิม	mɯ̌andəəm
戻る	ย้อนหลัง	yɔ́ɔnlǎŋ
文句を言う	บ่น	bòn
文句を言う性格	ขี้บ่น	khîibòn
約束する	สัญญา	sǎnyaa
友情	มิตรภาพ	míttaphâap
夢（憧れの）	ความใฝ่ฝัน	khwaamfàifǎn
許す	อภัย	aphay
	ให้อภัย	hâi aphay
	ยกโทษ	yókthôot
ようこそ	ขอต้อนรับ	khɔ̌ɔ tɔ̂ɔnráp
喜び	ความยินดี	khwaamyindii
喜ぶ	ยินดี	yindii
理解しあう	เข้าใจกัน	khâocai kan
旅行する	เดินทาง	dəənthaaŋ
連帯する	ผูกพัน	phùukphan
連絡する	ติดต่อ	tìttɔ̀ɔ
別れる	จากกัน	càak kan
忘れないで	อย่าลืม	yàa lɯɯm

中島マリン（なかじま・まりん）
タイ人と日本人の両親を持ち、高等学校卒業までをタイで過ごす。早稲田大学第一文学部卒業。タイ語・日本語ともにネイティブで、各種国際会議通訳、司法通訳などを務める。成蹊大学非常勤講師および昭和女子大学オープンカレッジのタイ語講師。タイで日本のコミック本を翻訳。
著書『挫折しないタイ文字レッスン』『間違いだらけのタイ語』（めこん）、執筆協力『わがまま歩き旅行会話 タイ語＋英語』（ブルーガイド社）など。
なお、本書のイラストも著者が描いたものである。

タイ語で出そう！グリーティングカード

初版第1刷発行　2007年4月5日

定価 2500 円＋税

著者　中島マリン
装丁　水戸部功
編集　面川ユカ
発行者　桑原晨

発行　株式会社めこん
〒113-0033 東京都文京区本郷 3-7-1 電話 03-3815-1688　FAX03-3815-1810
ホームページ　http://www.mekong-publishing.com
印刷・製本　モリモト印刷株式会社
ISBN978-4-8396-0204-8 C0387 Y2500E
0387-0702204-8347

JPCA 日本出版著作権協会
http://www.e-jpca.com/

本書は日本出版著作権協会（JPCA）が委託管理する著作物です。本書の無断複写などは著作権法上での例外を除き禁じられています。複写（コピー）・複製、その他著作物の利用については事前に日本出版著作権協会（電話 03-3812-9424　e-mail:info@e-jpca.com）の許諾を得てください。

挫折しないタイ文字レッスン 中島マリン著・赤木攻監修 定価2500円＋税　B5判・144ページ	なんと日本語の五十音でタイ文字が学習できてしまう画期的な独習書。初めてタイ文字を学ぶ人にはもちろんですが、いままでに何度もタイ語学習を挫折した人にもおすすめです。
間違いだらけのタイ語 中島マリン・吉川由佳著・赤木攻監修 定価2500円＋税　A5判・336ページ	日本人のタイ語学習者が共通しておかす間違いを整理し、正しい表現がマスターできるように工夫した画期的なタイ語の独習書。タイ語の実力が確実にアップします。
タイ語読解力養成講座 赤木攻 監修 野津幸治・佐藤博史・宮本マラシー著 定価2800円＋税　A5判・274ページ	タイ文字による「読み書き」を習得することを目的に作成された本格的な中級者向けテキスト。短い文章の音読から始め、次第に文字と韻と声調のルールが身につくようになっています。
タイ語上級講座　読解と作文 宮本マラシー 定価2500円＋税　A5判・340ページ	タイ語力にさらに磨きをかけたいという方のために。長文読解・文法と熟語の解説・練習問題という構成。タイ語らしいタイ語にまた一歩近づきます。
プリヤーのタイ語会話 インカピロム・プリヤー／水野潔 定価2500円＋税　A5判・408ページ 〈別売CD〉 定価2500円＋税　3枚組	タイ人の言語学者と日本人のベテランタイ語教師のコンビによる本格的な独習書。実際に役に立つ「会話」をマスターすることを目的にし、文法等の説明はほとんどありません。豊富な練習問題で、考えるより慣れることです。
タイ日大辞典 富田竹二郎編 定価28000円＋税　A5判・2336ページ	日本で最大・最良のタイ語・日本語辞典。タイ語学習の初心者から専門家まで、幅広い層の方々に愛用されています。
タイ文字練習帳 諸江ボウォン 定価900円＋税　A5判・62ページ	タイ文字のかたちと意味を覚えることを最優先にして作られた練習帳。練習ページにたくさんのイラストが用いられており、難しい文法用語が苦手な人も楽しく勉強できます。
タイ仏教入門 石井米雄 定価1800円＋税　四六判・208ページ	タイで上座部仏教が繁栄しているのはなぜでしょうか？若き日の僧侶体験をもとに東南アジア研究の碩学がタイ仏教の構造をわかりやすく解き明かした名著。
タイ鉄道旅行 岡本和之 定価2500円＋税　四六判・492ページ	誰もが驚嘆するタイ鉄道全線の完璧なガイドにして本物のタイ紹介。200枚の写真、路線図、最新時刻表、乗り方、沿線の風物・歴史。タイ田舎旅行に必携です。
タイ人と働く ヘンリー・ホームズ＆スチャダー・タントンタウィー 末廣昭訳 定価2000円＋税　四六判・272ページ	タイ人と働いていると、商売習慣、価値観、歴史や文化の違いなどから、思いもよらないトラブルが生じることも。これらを分析し、上手に付き合う方法を考えたユニークなタイ人論です。